编码与传播

19世纪电报的编码技术及对新闻信息传播的影响

沈春雷　刘世弘　著

清华大学出版社
北京

内 容 简 介

本书研究了 19 世纪的机器语言——电报编码的历史，通过详细追溯其跨越欧洲大陆、英国及美国的发展历程，重点探讨了电报编码在改变新闻传播和信息交流方面发挥的关键作用。本书还揭示了在工业革命期间，这项被广泛忽视的软技术如何作为信息革命的加速器，推动了 19 世纪新闻行业的显著变革，并为现代新闻业的初步形成奠定基础。

本书目标读者包括传播学和技术史的研究者、爱好者和专业教师，旨在通过回顾历史，与读者共同思考信息社会的起源。

本书封面贴有清华大学出版社防伪标签，无标签者不得销售。
版权所有，侵权必究。举报：010-62782989，beiqinquan@tup.tsinghua.edu.cn。

图书在版编目（CIP）数据

编码与传播：19 世纪电报的编码技术及对新闻信息传播的影响 / 沈春雷，刘世弘著．－－北京：清华大学出版社，2024.9．－－ISBN 978-7-302-67365-1

Ⅰ．G219.19

中国国家版本馆 CIP 数据核字第 2024ZG6950 号

责任编辑：王如月
装帧设计：傅瑞学
责任校对：王荣静
责任印制：丛怀宇

出版发行：清华大学出版社
网　　　址：https://www.tup.com.cn，https://www.wqxuetang.com
地　　　址：北京清华大学学研大厦 A 座　　　　　　邮　编：100084
社 总 机：010-83470000　　　　　　　　　　　　邮　购：010-62786544
投稿与读者服务：010-62776969，c-service@tup.tsinghua.edu.cn
质量反馈：010-62772015，zhiliang@tup.tsinghua.edu.cn
课件下载：https://www.tup.com.cn，010-83470332

印　装　者：小森印刷霸州有限公司
经　　　销：全国新华书店
开　　　本：170mm×240mm　　　印　张：10.5　　　字　数：185 千字
版　　　次：2024 年 9 月第 1 版　　　　　　　　　印　次：2024 年 9 月第 1 次印刷
定　　　价：99.00 元

产品编号：103565-01

序　言

电报历史的研究涉及多个学科领域，包括通信技术史、社会历史、经济历史等。此外，电报作为传播媒介，在新闻史研究中也有涉及。技术史旨在探究现代通信革命的起源，新闻史则重点探讨了电报系统在新闻传播中的作用。

一、电报媒介的"软技术"和"硬技术"

对于"电报"的描述，1824年出版的《大英百科全书》（第6版）相应条目的表述如下：

人们曾经设想，在特定时间内通过绝缘电线传递特定数量的电火花，电力可能成为传递信息的手段……但有理由认为，尽管这些实验很巧妙，它们不太可能被实际应用。[1]

可以清晰看出，上述内容描述了电流和电火花的现象，但未提及电报系统的编码。这一早期的观点忽略了电报编码在通信中的潜在重要性，而电报编码是后来技术发展变化的关键因素。

早期，国外学术界对电报历史研究主要关注设备的设计和制造。因此，一方面有观点将电报视为工业革命的产物，[2] 另一方面，主流技术史著作主要强调电报在制造技术革命中的重要性。2004年上海科技教育出版社翻译出版的牛津大学版七卷本《技术史》（*A History of Technology*）中，"电报"条目的撰写方式是按照电报工作的基本原理，把1750—1850年间提出的各种电报方式分类为"利用静电的电报""电化学电报"和"电磁电报"，

---

[1] MacVey N. Supplement to the Fourth, Fifth, and Sixth Editions of the Encyclopædia Britannica Vol.6: With Preliminary Dissertations on the History of the Sciences[M/OL]. Edinburgh: A. Constable and Co.; London: Hurst, Robinson and Co., 1824. [2023–8–19]. https://books.google.co.jp/books?id=q6ynrNvB4gUC.

[2] 项翔. 划时代的传播革命——有线电报系统的发明及其对社会历史的作用[J]. 历史教学问题，1996(1)：8–13.

而对电报编码的历史意义并未给予足够关注。

值得注意的是，尽管电报的整体技术会发生变革，但编码传递的方式始终保持连续性。扳臂电报的发明和应用，是科学研究人员在探索信号表达方式与内容有效结合过程中逐步发展起来的。电子电报系统的实际应用功能，是在探讨编码和制造技术如何恰当相互匹配中逐渐形成的。

电报技术不仅包括物理设备的"硬技术"，也包括了用于信息传递的编码体系，即"软技术"。尽管19世纪的技术史著作多聚焦于硬件技术的变革，但编码技术在信息传播的过程中发挥了关键作用。电报技术历史意义的研究在国内相对较少，至少从文献检索的数量上表现了这一特征。但电报技术带来的统一传播方式，同样使我们的社会深受其影响。以文献查阅情况来看，研究是以电报系统的设计和制造技术为主要对象，或围绕这个主题，辅之以对电报电缆和电报公司的历史考察。在其他学科领域研究这项技术时，多数以"电报"一词进行概括，这在一定程度上模糊了一些历史事件的概念界限。

今天，常规意义上理解的电报系统的历史影响，相当一部分是由编码承担的，因为文字或符号是通过它来传递的。虽然19世纪时电报系统是"软""硬"一体，无法分开，但当机械设备成为历史的见证而陈列于博物馆中时，编码作为文字和观念传递直接相连的技术，仍然基于其特殊的属性和功能而对现实继续独立地产生影响。因此，直至今日，学者们仍试图探索电报编码在表达现实语义方面的新可能性。[1] 同时，在比较媒介传播中的语言演变时，有研究者依旧借助同期电报语言结构的对比分析方法。[2] 还有一些研究尝试跳出单纯的工业革命和技术生产的视角，从信息革命的起点来审视电报编码的出现和应用。[3] 一些结论清晰表明：虽然并存于19世纪，但电报其实并不属于严格意义上的工业革命组成部分，[4] 因为它不属于大规模钢铁冶炼和机械动力应用的结果。甚至有观点认为，电报传播完全可以看成当今计算机网络传播的一个早期注解。[5] 这种研究方法与传统的研究路径有着显著的差异。

---

[1] Thorpe S. More Morse [J]. *Word Ways*, 2012, 20(1).

[2] De Clerck B., Verroens F., Willems D., et al. The syntactic flexibility of (new) verbs of instrument of communication: A corpus-based study[J]. *Functions of Language*, 2011, 18(18): 57–86.

[3] John R.R. Network Nation: Inventing American Telecommunications[M]. Cambridge: Harvard University Press, 2010.5.

[4] 肖勇. 信息研究的历史维透视 [J]. 图书情报工作, 2001(7)：16–19.

[5] Nye D. E. Shaping communication networks: Telegraph, telephone, computer[J]. *Social Research*, 1997, 64(3): 1067–1091.

以上这些意味着编码作为电报系统的一部分，其影响和意义已经超越了技术本身的时间和范围。从这个角度来看，"电报编码"这一概念相对于电报系统具有一定的独立性。

在信息传播中，各种符号和形式不仅扮演至关重要的角色，也是我们认识和感知外部世界的重要工具。通过这些符号和形式，我们不仅可以构建对现实世界的知识结构，还能表达对现实世界的情感和态度。在新闻传播领域，这些符号和形式的作用尤为突出。它利用多种符号和形式来构建，为我们提供了更加丰富和多样化的信息传递渠道。

这些功能是如何实现的？信息的构建和传递具体是通过什么机制实现的？各种传播形式和技术在功能和效果上有哪些微妙的差别？在不同的时代和文化背景下，这些形式和技术有哪些相似之处，又有哪些显著的差异？此外，随着时间的推移，传播技术的不断演进对我们构建、接收和解析信息产生了什么样的影响？例如，从远古时代的壁画到现代的电视、互联网，每一种媒介都有其独特的方式来对信息进行编码和解码。它们之间的关联与区别如何，又是如何影响我们对信息的接受和解读的？这正是媒介技术历史研究的焦点所在，旨在回答这些关于传播方式、工具和效果之间关系的核心问题。

媒介技术历史研究专注于探索传播方式、工具与效果之间的关系，分析各种媒介如何以其独特方式传递信息，以及这些方式如何影响我们的信息理解。这些能帮助我们更深入地了解信息传播的过程，以及各种传播形式和技术的差异。

二、非技术决定论：社会与编码的相互影响

电报编码在信息传递中对新闻传播产生了显著影响。19世纪中期以后，新闻内容获取依托电报编码传递信息，这种业务上的对接导致新闻和信息的传递形态发生了变化。

电报编码一方面助推了新闻和信息的传播，另一方面也在一定程度上限制了新闻表达特征的形成。电力的瞬间时空跨越特性助推了新闻和信息的传播，扩大了传播范围，但商业和其他规则却对编码的表达方式形成了约束。结合已有的学术成果，本书从电报技术中的编码角度，以及新闻和报纸在历史特定时期的表现情况，研究了电报编码与其特定表现之间的因果关系，澄清了一些历史事件的表述及关系。

基于这个目标，本书主要包括以下三方面内容。

（一）从编码技术普及视角分析当时典型报纸特征

商业报纸是新闻产业化过程中的产物。19世纪20年代以前，党派报纸、商业报纸都还未利用到电报技术的最新实用成果。处于成长中的商业报纸在语言风格、内容倾向、排版设计上，都参照有更长历史传统的党报和其他报纸的做法，为何其后来的影响力远远超过它的前辈？

电报编码对新闻和信息的表达、传播的影响，源于19世纪报纸、通讯社对电报技术的争先使用。电报大规模与报纸的结合始于19世纪30年代以后。尽管当时各种报纸普遍采用了电报技术来进行信息传递，但本研究旨在强调编码信息与商业报纸融合的紧密度和全面性，以及前者对后者影响的直接性。

编码跨时空传播的优势无疑是显著的，但编码的传递方式及高昂的服务价格对新闻语体的格式、字数容量构成了硬性约束。在当时的条件下，新闻和信息必须通过电报环节才能到达报纸，这就不可避免地要经过编码传递这一环节的筛选和修整。新闻和信息的采集者为了更多地让劳动成果实现市场价值，也会改变写作方式和报道风格，以适应电报系统的广泛使用。

（二）考察电报传递如何成为报纸通讯社获取新闻和信息的优先手段

电报编码本身并不单独对社会产生影响，而是通过传递的信息来发挥作用。在19世纪，电报信息、商业报纸与通讯社三者联合起来发挥作用。它们不仅兴起的时间基本一致，而且到了后期三者的联合模式中已经存在着巨大的新闻和信息流，这就说明三种媒介对社会的影响是同步的，而且均是通过新闻和信息的传播而对社会文化产生影响。因此，研究电报编码的社会影响，离不开报纸和通讯社两者所发挥的作用。自19世纪50年代以后，电报信息是新闻和信息的主要构成部分，当报纸带来的最新热点话题成为市民日常交流的一项内容时，这些新闻通常都是来自电报新闻稿。这种关系形成了明显的新闻和信息传播特征。

（三）从社会与信息交互影响的角度解释电报编码演变

电报编码的历史演变并非仅是技术的自然进步过程。当我们深入探索这一历程，就会发现其背后隐藏着社会与信息传播的深层次联系。虽然技术史的研究常常倾向于将技术的进步看作单纯的、线性的发展过程，但电报编码的历史变迁却揭示出更加丰富和复杂的背景。

19世纪是电报编码大规模调整和重塑的时期。每次变革都带来了编码效率的明显提升，使信息的传输容量得以增加，同时传输方式也变得更加简捷高效。这也意味着更多的人开始接受和使用电报。有趣的是，尽管像希林码（Schilling Code）和高斯–韦伯码（Gauss-Weber Code）这样的早期编码系统已经成功地利用了二进制的优势并在实际中得到了应用，但它们并未得到普及。

这引发一个探讨：技术的内在优势是否真的能够决定它在社会中的未来？从社会学的角度来看，技术并不仅仅是一种客观存在的工具或是系统，它在一定程度上也是由社会文化演变而形成的产物。技术和社会之间的关系是互相依赖和互相塑造的。这种关系表明，技术的发展和应用受到社会结构、文化价值观以及人类行为模式的影响，同时，技术的创新和普及也会反过来影响社会的组织和文化。

因此，要真正探讨技术的发展轨迹，我们不仅要关注技术本身，还需理解社会文化等其他因素对其产生的影响。电报编码、社会和信息传播之间的交互关系既复杂又独特，不能简单地用线性关系来描述。为了更深入地了解电报编码的演变，我们需要研究这些因素在特定历史背景下是如何相互作用和影响的。

三、历史阶段的划分

在研究电报对新闻传播领域的影响时，从媒介技术的角度来看，存在两种明显倾向：一种是将电报系统的多重技术构成统一称为"电报技术"；另一种是将关注焦点集中在莫尔斯电报这个单一现象上。电报发明者与"莫尔斯"之间暗画等号的表述已经成为常态，甚至在研究型的著述中也是这样。但事实上，电报是经历几十年时间、由若干不同科学家艰辛实践共同努力的结果，一些常见的编码名词，如莫尔斯码（Morse Code）、博多码（Baudot Code）等，其产生同样并非一蹴而就，也是经过很多次实践摸索。莫尔斯码的专利文献中就记载了四种类型的实验编码。对于这些情况，大部分著述都倾向于直接描述它们的最终实际结果，对于如何定型的过程则鲜有论及。另外，过去的研究多数倾向于将编码作为一种设计技术方案的补充，只做各自需要的资料整理，缺乏对编码的系统梳理。

虽然编码的历史事件看似独立无关，但为了提高信息传递的效率，编码形态逐渐向二进制规则演变，这一特征直至19世纪末才变得明显。所以，准确描述编码的发展脉络和理解其形成过程，对本书主旨阐明的重要性不言而喻，因为这是解释19世纪中后期电报信息高速传输背后的原因。从这个角度出发，19世纪的电报编码技术发展的形态和应用表现，可以大致分为三个阶段。

（一）18 世纪末至 19 世纪 40 年是编码传递的早期探索阶段

19 世纪初至中期，编码传递信息的方式经历了创新，发展为一种持续性的技术途径，并通过其在社会中的广泛应用而得到巩固。这不仅是由技术自身的原因所决定的。推动和影响社会变迁的要素在技术形成中会发挥各自的作用，并在不同程度上影响各项技术的最终表现。在编码技术的传播功能形成中，最初是依靠非技术性手段（不涉及电流、无线电波、光纤等）进行人工操作和传递信息，这一过程主要受到国家意志的影响和塑造。随后，随着电磁学的发展，电子电报的编码技术得以推进，该技术的形成和发展主要受到了公共商业需求的影响和塑造。

俄国希林电报（Schilling Telegraph）的编码带有显著二进制特征。1837 年保罗·希林男爵（Baron Pavel Shilling，1786—1837）去世后，他的编码思想被库克 – 惠特斯通电报（Cooke-Wheatstone Telegraph）的编码直接继承。[1] 从形态上看，高斯 – 韦伯电报（Gauss-Weber Telegraph）、库克 – 惠特斯通电报以及希林电报这三种电报系统的编码均存在高度相似之处。尽管社会主导要素与技术结合可形成不同的技术发展轨迹，但不同社会要素的影响程度各不相同。国家意志具有基础性作用，[2] 而公共商业意志则起到增强性作用。这两种要素主要目的是确保编码的媒介功能持续有效。这种持续性过程通常不会自主中断，只有当另一种变量介入并且足以导致功能向新的方向转变时才会被打断。通过比较 19 世纪初至中期编码传递信息的前后变化就能为这种作用机制提供具体解释。

（二）19 世纪 50 年代至 70 年是编码发展的中期阶段

在这个时期，社会各行业中使用了多达 11 种电报机器，但莫尔斯码在电报系统的商业领域中占据了主导地位，并被修改成为标准编码语言。在此之前研究者的文献多用"telegraph language"（电报语言）一词。1852 年，亚历山大·琼斯（Alexander Jones，1802—1863）有意识地区分了在电报传递过程中使用的"signal"与"letter"两个词，清晰界定了它们的不同含义。这种角度的切分有助于纠正最初一些研究者在信号和信息两者意图表达上的混淆，帮助设计者进一步明确：提升电报实用程度主要依靠两个

---

[1] Burns R. W. Communications: An International History of the Formative Years[M]. London: The Institution of Engineering and Technology, 2004.68.

[2] 鄢显俊. 论信息技术革命的社会历史原因——基于 SST 理论的分析 [J]. 科学学研究，2005(05)：586–591.

途径，即解决电力传送的距离问题，解决信息表达的效率问题。1852年出现的这种区别对待是有意义的。在后来的研究中，以"telegraph signal"（电报信号）来描述电报系统的信息传递，已经成为一种约定俗成的方式。

到了1867年，有学者在电报研究文献中开始提到"code"（编码）一词，然而他们仍然将其视为"signal"的同义词，并将其视为电报技术中的次要环节。不过也有文献在表述电报机的信息表达方式上正式关注"编码"（code），在内容上也专辟一章来着重讲解电报如何编码，并指出新的编码方式已经突破原有编码的信息表达范围，可以用来传送某些原有编码方式所无法传送的特殊信息。[1]这反映了该时期社会对此技术的不同理解，与早期理论研究有所差异。

牛津大学版《技术史》第4卷第5编第22章和第5卷第3编第10章第3～7节介绍了电报技术的发展。书中在对以往的学术成果进行准确、精练概括的同时，也实现了研究视角的突破。从编撰体例来看，第4卷第5编内容探讨工业革命的交通技术变革，第5卷第3编内容探讨电力工业的兴起。这表明《技术史》将电报视为工业革命末期的成果和工业力量新陈代谢的体现。这种态度已经不再把电报的出现当成孤立的技术现象，而是将其置于特定的技术领域和工业背景下进行考察，从而扩大了电报技术研究的视野，超越了以往著作的范围。这套书出版后，电报史研究不再局限于制造业视角的探讨。

2001年，彼彻姆（K.G.Beauchamp）出版了《电报史：技术和应用》（*A History of Telegraphy: Its Technology and Application*）。该书从有线电报和无线电报两个技术环节研究了电报历史，可以看作是对电报技术历史研究的总结。书中在介绍19世纪50年代以前的发明和设计时，提到了约10种电报系统的编码方法，重点介绍了其中3种：希林六针电报编码（Schilling 6 Needles code）、斯坦海尔双针电报编码（Steinheil 2 Needles code）、库克－惠特斯通双针电报编码（Cooke-Wheatstone 2 Needles code）[2]。虽然只有两页，相较其他部分内容也显得较为简略，但在第2章以单独篇幅梳理电报编码的起源及形态演变过程时，勾勒出了电报编码形成的关键节点，并以

---

[1] Bond R. Handbook of the Telegraph: Being a Manual of Telegraphy, Telegraph Clerk's Remembrancer, and Guide to Candidates for Employment in the Telegraph Service[M]. London: Lockwood & Company, 1870.101.

[2] Beauchamp K. G. History of Telegraphy[M]. London: The Institution of Engineering and Technology, 2001: 30–37.

概念的形式澄清了电报编码（code）与密码（cipher）之间的区别。[①] 这种对电报编码进行定性描述的做法，非常有助于其他研究者将编码从电报技术中分离出来。

同时彼彻姆在该书的二级目录中明确将"商用"从电报实际应用中分离出来，以其为大类对大型电报公司运营、分析解释国际电报标准制定、新闻及其他信息传递方面的民用服务供应进行研究，指出19世纪末莫尔斯码使用范围出现萎缩是由于整体信息规模的快速增加。同时，博多码由于能够匹配更高级别的流动速度和体量，其技术优势得以完成快速替换，并肯定了社会因素在技术迭代中的驱动作用。

电报一度在军事、政治等重要领域中扮演了独特的通信角色，尽管它当时的技术复杂性较高，但能够传递公共信息的潜质使得这一技术最终被社会广泛使用。编码是莫尔斯电报系统最终成功应用于商业的关键性因素之一，[②] 也恰恰是编码技术，才使得电报设备随时间推移进入博物馆陈列室的时候，"电报"这个词语中所包含的编码功能被沿用，并在通信技术革新中得以保留。

从编码的角度研究电报历史，突破了过去把这项技术视为单一对象的研究范围，将电报分解为架构、传输和编码三个维度，以深入探讨其在历史上的作用，进一步深化了我们对信息传播社会意义的理解。这一研究视角不仅拓宽了我们对电报技术的概念认识，也拓展了其研究的历史跨度。

（三）19世纪70年代至90年代末是电报编码传递的晚期阶段

电报编码的第三次重要变革源于1874年博多码的出现。它与1834年的高斯－韦伯码在形态上有相似之处，都属于二进制编码，不同之处在于博多码采用均码（即等长码）的形式，[③] 而在此之前的编码都属于非均编码。法国工程师埃米尔·博多（Emile Baudot，1845—1903）是19世纪对电报编码作出重大改进的最后一位代表人物。他发明的博多码，是电流信号向数字式信号转向的关键性环节。该编码系统采用多路复用技术并配合时分复用方式，能够同时发送多条消息。因此，在1882年被定为《国际电报1号字母表》（International Telegraph Alphabet No. 1），从而在全球推

[①] Beauchamp K. G. History of Telegraphy[M]. London: The Institution of Engineering and Technology, 2001: 47-49.

[②] Hochfelder D. Two controversies in the early history of the telegraph[J]. *IEEE Communications Magazine*, 2010, 48(2): 28-32.

[③] 中国科学技术协会. 中国通信学科史 [M]. 北京：中国科学技术出版社，2010：25.

广使用,是继莫尔斯码之后影响最为广泛的一种编码。博多码在理论上使信息传递效率成倍提升。在博多码进入全球电报统一应用体系之后,信息的传递数量和速度同时发生了革命性变化。①

伯恩斯(Russell W. Burns,1988)通过分析通信能力(信息的吞吐能力)与经济、政治及社会之间的相互关系,研究了电报技术现象。他认为,信息传递的距离远近导致的价格差异形成了商业利润驱动,从而出现了电缆的抢占现象。作者通过占有电报线缆的长度和服务价格等数据,有针对性地分析了各种力量组合成影响力巨大的电报垄断企业在当时社会促成的一些显著现象,指出当时年轻人如果能够掌握编码和解码,掌握发报、收报技术,并进入电报公司当上电报发报员,是相当受人羡慕的。②这一现象反映了电报技术对当时社会文化的深刻影响。

四、一种假设

研究者使用历史材料时会根据研究需求作出选择,而不恰当的选择可能会妨碍背景信息的完整展现。以下文为例:

(从欧洲乘船回到美国)经过几个星期的试验后,他(莫尔斯)制作了一个原始的电报机,在接通电池与电磁铁时,电磁铁便吸附一块铁片,铁片上附着一支铅笔,在铅笔的下面有移动的纸条,铅笔也就在纸上记下点或线。③

其中最后一句关于电报编码的描述是应当引起注意的。按照行文的表述,点线的信号表达方式,在莫尔斯下船之后的几个星期之内就诞生了,而且似乎是唯一的表达方式。但实际情况与此有显著差异。第一,铅笔最初画出的符号是锯齿状的,以锯齿数目来表达信息。虽然点和划(通常称作点线)的信号表达方式是最广为人知的,但它并非莫尔斯码的首创或唯一编码方式,而是最后确定使用的方式。第二,点划的表达方式并非一开始就被直接设计出来,而是经过了反复实验和修改。在这套系统的专利申请中,有4种编码方式,点划式是排在最后的一种。现在这套编码的真正发明归属问题已经成为技术史上著名的争议,可见至少应是多人长时间辛勤参与的结果。

《19世纪电报编码及其对新闻和信息传播的影响》这一题目是基于假

---

① Karwatka D. Emile Baudot and digital telegraph[J]. *Tech Directions*, 2011, 70(9): 12.

② Burns R. W. Communications: An International History of the Formative Years[M]. London: The Institution of Engineering and Technology, 2014.113.

③ 王鸿贵,关锦铿主编. 技术史[M]. 长沙:中南工业大学出版社,1988. 61.

设提出。假设的目的是建构两种或两种以上事物之间存在关联性，然后证明这种关联性的合理性。本研究假设新闻和信息的限定性传播是由电报系统的编码语言和以编码为主导的传播方式所形成。通过分析、比较编码语言的多种形态、使用范围与新闻史中的新生语言现象在图0–1时间坐标上的吻合度，以证明假设的合理性。

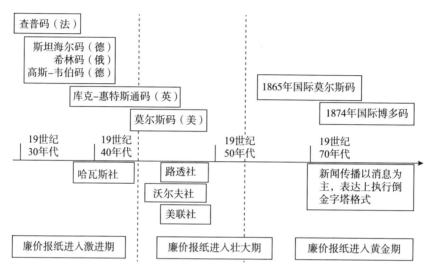

图 0–1　编码、通讯社及商业报纸的19世纪时间线

电报编码历史的研究主要涉及18世纪末至19世纪早期以扳臂方式用于传递军事指令的信号装置、19世纪基于电磁原理设计的现代电报设备以及围绕电报技术发展而形成的相关领域，如电缆、电报编码、电报公司、电报操作员等。通信技术史主要研究在电磁原理应用下的信息传递介质，如电话、电视和广播等，信息能够在电缆中自由流动并实现交换互通，是因为不同语言和内容遵守了相同的编码规则和通信协议，使得信息能够在电缆当中自由流动，实现彼此交换和互通。媒介史的研究主要是指，与传统的书籍、报纸相比，编码作为一种新型信息载体，具有截然不同的传播效果，并产生了与书籍和报纸明显不同的文化和社会影响。新闻史的研究主要关注编码传递方式对于新闻的传统表达和传播方式的影响。这三个领域虽针对同一技术形态，却有着各自独特的研究目标。通过建立假设来探讨电报技术与新闻行业之间的联系，这种方法可以提供一个有价值的研究途径。

为了验证假设的合理性，我们必须明确界定电报技术在新闻历史事件中的本质作用及其影响范围。这要求我们揭示技术发展与文化变迁之间的相互联系，并准确地解释这些事件所蕴含的客观意义。此外，还需阐明这些事件在时间和空间维度上所产生的具体影响,以明确电报编码与新闻传播之间的因果关联。

要做到这一点,我们需要证明,是电报技术而非其他新兴印刷或造纸技术对新闻形式产生了决定性影响;是电报编码本身,而非电缆或制造技术,促进了新闻体裁的演变;是电报新闻的供应情况,而不是单纯的阅读需求,推动了报纸形态的演变。

针对19世纪电报技术在传递新闻方面的历史背景,已有的研究大多集中在新闻史的深度探讨中。这一特定的历史领域采纳了大量的原始资料和文献,包括文件、详细的新闻报道和相关的学术研究文献,对于当时新闻业的发展趋势、演变过程进行了详尽而深入的学术分析与批判性评估。特别是当时新闻和信息与报纸之间的直接和间接关系,无论是内容上的还是形式上的。报纸作为当时新闻传播领域的主要载体,为研究者提供了丰富而详细的关于科技、社会及文化背景的信息资源。

如果从媒介技术与社会影响的角度出发,重新审视这个时期的新闻和信息传递模式,我们会发现,这不仅是新闻内容的呈现,更是当时社会、技术与信息之间相互作用和影响的一个缩影(图0–2)。对新闻和信息在各个环节中的呈现进行细致的内外特征分析,不仅能够帮助我们更深入地理解当时的新闻传递模式,还能够为我们提供新的视角去重新解读新闻和媒介历史事件的内在含义和社会影响。

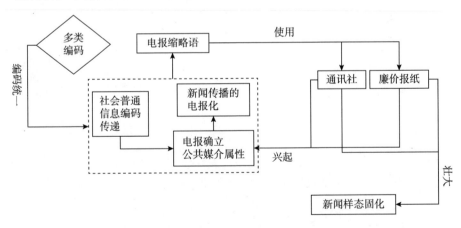

图0–2 19世纪编码技术与新闻和信息之间的关联逻辑

1997年,詹姆斯·凯里(James W. Carey)曾提出:"……在这个著名的历史阶段,电报究竟具有何种意义,仍然是一个极少被探究的问题,当然,也是一个极少得到研究的传播技术问题。电报对现代生活的影响、电报作为传播技术手段对未来发展模式的作用,都需要进一步探讨。"①

20多年过去了,一系列具有各自侧重点和代表性的电报技术史研究理论作品陆续面世。这些作品在不同程度上继承并扩展了凯里当初提出的问题,但总体来看,相关著作数量并不多,且主要关注点仍旧聚焦在"技术及其应用"上。本书则从传播学与媒介技术历史的视角出发,试图从电报编码的维度,探讨其在新闻和信息传播中扮演的关键角色。

---

① [美]詹姆斯·凯里. 作为文化的传播[M]. 丁未译. 北京:华夏出版社,2005. 160.

目 录

第一章　19世纪上半叶的编码与统一　/　1

　　第一节　19世纪初扳臂编码及第一次空间连接　/　2
　　第二节　19世纪30—40年代编码的社会应用　/　16
　　第三节　编码统一及第二次空间连接　/　33

第二章　编码信息的公共传播转向　/　49

　　第一节　编码传递与社会信息的广泛融合　/　50
　　第二节　新闻业务的新迹象　/　65
　　第三节　电报与新闻的行业融合　/　73

第三章　19世纪中期编码传播的主导地位确立　/　85

　　第一节　编码传递对新闻传播两大要素的强化　/　86
　　第二节　电报信息在通讯社兴起中的作用　/　99
　　第三节　新闻集散中心的出现　/　110

第四章　电报新闻：19世纪末的新趋势　/　115

　　第一节　普遍性的语言裁剪　/　116
　　第二节　新闻形态的变化　/　136

后　记　/　149

第一章 19世纪上半叶的编码与统一

人们一直在努力解决一个难题：找到一种既高效又可靠的方法，以在信息传播过程中彻底消除任何人为的、有意的干扰（包括传递信息的信使），同时确保语言和词汇所蕴含的丰富含义能够传达到尽可能远的地方。这一目标一直是技术人员的追求和愿景，促使他们不断进行尝试、探索和实践。

在历史的长河中，信息表达与传递方式历经了多种演变，从古老的泥板、石碑、莎草纸和羊皮卷，到竹简、木牍等传统媒介，乃至信鸽、驿马等传递方法，皆见证了持续的进化。编码传递的起源可以追溯到古希腊的历史学家波利比乌斯（Polybius，公元前203年—公元前120年）用数字表示字母的5×5格子棋盘密语方法。随后，从1753年首次构思的字母一对一映射，到1774年瑞士科学家乔治·路易·勒萨热（Georges Louis Le Sage）、1795年意大利的提比略·卡瓦略（Tiberius Cavallo）、再到1798年西班牙的奥古斯丁·德·贝当古（Agustín de Betancourt）等人的创新设计中，我们可以看到专门设计的信号表达方式。

电报编码的发展轨迹与许多技术类似，从构思到商业应用的过程充满了曲折。尽管至少存在10种不同的电报编码形态，但实际应用中，如军事、铁路和邮政服务等领域，广泛使用的只有4种。这种现象的形成受到多种因素影响，涉及技术的实用性、经济效益及适应特定场景的能力。众多编码中，只有少数编码真正满足了特定需求，因此得到了广泛的应用。其他一些编码则可能因为技术局限、成本效益低或与现有系统不兼容逐渐被忽视。

观察上述现象，不仅有助于揭示技术发展的非线性特征，也有助于分析在复杂的社会和技术生态中，为何某些技术形态能够突围而出，而其他形态则逐渐边缘化甚至被遗忘。这些分析能够帮助我们理解技术是如何在特定的历史和社会背景下，通过连续的选择和优化，最终成为今天所熟悉和广泛使用的形态。

在研究不同的编码形态时，我们可以发现它们在一定程度上都与莫尔斯码存在继承或关联。然而，尽管它们之间存在相似性，但每种编码都有其独特性，因为它们的诞生都是基于特定的背景和需求。进一步深入研究我们会发现，由于编码背后的目标和意图各异，它们所拥有的功能特性也因此有所不同。这种功能的差异使得它们在实际应用中的使用范围各自有别。因此，当我们评估一个特定编码的影响时，也必须考虑其使用背景和范围，这些因素共同决定了该编码所带来的具体效果和影响。

第一节　19世纪初扳臂编码及第一次空间连接

在18世纪末，面对社会、政治和军事的复杂局势，欧洲各国对迅速获取信息的需求变得尤为迫切。在这个背景下，法国工程师克劳德·查普（Claude Chappe，1763—1805）设计并实施了一种创新的信号传输方式，即扳臂电报系统。这种系统在军事情报和政府文件传输方面具有显著的优势，因此得到了当时社会中掌握权力和财富的关键人物的热烈推崇，并被拿破仑政权纳入其军事通信体系。

在解读和执行国家的核心意图与长期战略时，国家的综合实力受到技术发展的推动，同时也受到其他多方面因素的影响。这些因素对确定技术的接受和应用方向起着决定性的作用。以拿破仑时代的政权为例，其在军事方面取得的卓越成就赢得了广泛的国际声誉。而声誉的积累、持续的领土扩张策略以及对电报通信技术的主动采纳和应用，这三者之间紧密相关。除了拿破仑政权，欧洲的其他主要国家，如意大利、英国和荷兰，也以不同程度利用其国家资源和影响力对这种创新的通信技术进行了模仿、整合和实践。

扳臂电报不仅是一种信息传递手段，还构建了一个基础平台，并通过其创新的编码策略和特定的扳臂装置，在广泛的地理范围内产生了巨大影响。这项技术的推广标志着通信科技在社会中的重要地位，同时凸显了国家在科技进步中的关键作用。扳臂电报作为连接技术与社会的重要桥梁，展现了其在不同文化背景下的催化作用，揭示了信息技术在促进社会交流方面的巨大潜力，同时也凸显了国家在推动技术创新和应用中的关键性作用。

一、扳臂编码及其传播特征

推动法国工程师克劳德·查普设计的扳臂电报系统投入实际使用的，不单是技术的成分，还包括了其他影响因素。

第一章　19世纪上半叶的编码与统一

自1790年起，查普开始对自己的设计进行试验。到了1792年，为了能把这种新的信息传递方式用于高级别管理，他尝试与政府沟通，并向最高权力机构立宪议会写信，详细说明了这种技术的优势所在：远距离传播命令的中间传递环节少且信息可以直达，信息传播需要的时间较短且可以在短时间内获得对命令的答复，特别是在增强中央对地方统一调度的权力效率方面效果显著。这个时期，法国大革命引发的内外政治冲突日益激烈。法国政府忙于应对国际和国内的双重危机，既要在边境对抗欧洲其他国家的压制，又要在国内镇压旺代（Vendée）地区军队对中央政府的公开反抗。立宪议会作为最高权力机构，内部多股力量角逐，各方处于激烈的权力争夺状态。因此，他们根本无暇顾及查普的提议，也没有人对他的主张作出回应。在权力斗争中，查普在巴黎安置的最初实验装置在1793年遭到反共和体制派（保皇派）激进分子的刻意破坏，这给技术应用带来了巨大阻力。

查普在不断探索的过程中领悟到，只有正确解释自己的技术，才有可能获得执政者的支持。由于一些反对共和体制的势力以法国国土面积广大为主要理由来拒绝政治体制变革，在向革命派写的建议书中，查普将电报系统传递信息的能力与共和国体制之间建立了一种容易被接受的逻辑关系：快速远程信息传输的能力显著加快了巴黎中央政府向边远地区下达指令的速度，超越了以往任何时候。因此，电报系统加强了中央与各省之间的联系，并抑制了潜在的分离倾向。革命者视之为一种强有力的手段来对抗反共和国的势力，从这个角度来看，查普系统满足了当时执政者的迫切需求。

到了1793年，法国的政治变化向纵深发展，代表革命派的政治势力开始获得优势。政局稳定下来，迅速获取一线情报以解燃眉之急成为政府制定决策的首要考虑。以约瑟夫·拉卡纳尔（Joseph Lakanal）为首的高级官员积极支持查普的项目，他们认为这项技术对于打击反共和体制的力量是一个强有力的工具，并且有助于确立法国作为欧洲强国的地位。基于这样的认识，他们进一步说服了公共教育委员会为该项目提供资金支持，使得查普能够建设一条从圣法尔戈（Saint Fargeau）延伸至圣马丁杜特尔特（Saint Martin du Tertre）的通信线路。这条线路的实际效用向决策者们证明了投资带来的预期社会回报。接下来，公共安全委员会核心成员，如伯特兰·巴雷尔（Bertrand Barere，1755—1841）和查尔斯·吉尔伯特·罗姆（Charles Gilbert Romme，1750—1795）等人，继续积极地在最高权力层面为这项技术争取支持。① 出于政治博弈的需要，国民大会——当时大革命权力组织的最高决策机构基于这项技术能加强中央政府的权力掌控，决定将其专门交由公共安全委员会负责。1794年8月，被任命为高级工程师的查普负责建立了从巴黎（Paris）到法国北部里尔（Lille）的信息通路。国民大会急切需要知道国内和边境战场上的最新情报，查普系统则可以满足权力核心层的这些愿望。

在当时掌权者的积极支持下，10多条线路得以建造，连接了几乎所有重要地区。该项工程的领导队伍不断扩大，除了查普之外，后来还包括他的兄弟亚伯拉罕·查普（Abraham Chappe）和皮埃尔·弗朗索瓦（Pierre François）等几位政府中的实权派人物。查普建立的扳臂电报系统便这样被纳入国家事业，在政府财政的支持下，得以与法国革命进程保持同步，走上了快速发展的轨道。

自1790年起，查普开始探索远距离通信的各种可能性。在实验初期，他使用的是一对间隔约500米的摆钟，利用摆钟表盘的刻度和同步转动的指针组合来传递特定信息。但前提是需要事先制作一个表格，表格中表盘的所有刻度要与预定词语建立一一对应的关系。发送特定信息时，需要将指针指向对应的刻度（某个数值），并同时敲击物件，以声音通知接收方。接收方读取表盘上同位数值并索引至相应词文，以实现示意理解。这种方式的局限性显而易见。

在接下来的实验中，查普设计了5对可以开合的小窗门，利用每扇窗门两种状态的不同组合，可以表示32种图案，每一种图案也可以像表盘刻度一样对应一个预定语句。这可以被看作是原始的二进制编码形式。它不仅为后续扳臂信号的设计提供了思路，也为随后电报通信的编码设计奠定了基础。

尽管尝试过多种方案，例如正反面黑白涂色的反光板翻转以进行二选一的信号表达，但查普最终采用了后来在欧洲广泛使用的"T"型扳臂电报系统：在竖立的中枢支柱顶端安置一条横梁（调节臂），并在横梁两端各加挂一段木板（指示臂），三者尺寸比例为5∶4.5∶2（米），且横梁与加挂木板均用活钮连接，操纵者则通过支柱上的绳索和滑轮控制三条木板的方向。其姿态和原理看起来非常类似今天交通警察的手势组合。

通过滑轮，扳臂电报系统的调节臂（顶端横梁）在人力的操控下，可

---

① Rollo A. Pioneers of Electrical Communication [M]. London: Macmillan and Co., Limited, 1930.64.

以设置成4种姿态：水平、垂直、45度偏右和45度偏左；两端指示臂每支都能分别旋转出7种有效的视觉角度，每个角度之间也同样呈45度间距。这套由调节臂和指示臂组合的设备，能够呈现的理论形态总共有4×7×7=196种，也就是说，它们可以产生196种不同的信号。但在实际应用中，为了信号更清晰有效，查普仅设计横梁两端分别以45度角向上和向下各呈现一次，即横梁仅有左上右下和右上左下两种形态。这样一来，这组设备可以表达的形态就是2×7×7=98（当时实际使用了96种信号）。

扳臂编码对于19世纪早期信息传递的初始意义并不在于提供了比过去更多的符号形态，而在于通过多达196种示意组合，结合欧洲字母表和数字型序号，构建出预设信号的多样化表达，以及据此设计出的一套两层编码方案：①每一个位置指示及其组合与事先编制的数字一一对应。②这些数字与事先编好的译码本中的字母、单词、短语以及数字一一对应。

在1793年编纂的译码字典中，特制编码本的页数和行数被明确列出，以便定位文本词义的位置。精心编制的编码本，涵盖了常用的指示动作和名称意义的词达数千条之多。单个符号使用0~9，双符号组合使用10~99，以此类推，第9999个信号条目由四个符号表示。但这些编码是纯粹基于逻辑推演得出的，部分编码从未被使用过，而且在发送一个包含四个符号的信号时，需要调节臂和指示臂共同组合出4种样式，实际使用中效率较低。为了增加传递效率，查普在1795年优化了编码规则并出版。与之前相比，第二套编码规则有一个重要改变：为了快速检索，整体信息首先划分为三类，第一类是单字，第二类是包含有特定语义的短语，第三类是地名等，每类标注一个指引项。每类有92页信息，每页排列92条信息。每次发送单个或一组符号时，首先传递一个指引项以确定信号的类别，随后通过两个指示信号进行具体信息传递：第一个信号对应译码字典中的页码，第二个信号则定位到该页的具体单词或短语。例如，组合信号3|45|92，其含义是指第3类第45页的第92条。这种编码方式可以不重叠地准确标识出3×92×92=25392条信息。随着电报网络覆盖范围的扩大，地名的使用变得日益频繁，因此查普进一步增加了表示地名的编码信息。到19世纪30年代，已有超过40000个单词和短语可供编码使用。[1]

这套编码不再将图形符号直接映射到字母和数字上，而是先对传递信息的操纵杆动作进行了语义分组。它识别并分组了那些在信息传递过程中

---

[1] Huurdeman A. A. The Worldwide History of Telecommunications[M]. New York: Wiley, 2003.20.

始终保持不变的、具有固定含义的步骤，并为这些步骤分配了特定的图形符号。这些符号代表了如"开始传输""传输结束""接收确认""接收失败""系统繁忙，请稍候"等关键指令。这类举措意味着"控制"这个概念在信息的传递中开始得到体现和执行。通过使用数字和字母的搭配组合编排而成的庞大编码信息字典，以及能够精确对应的单词或短语检索，查普建立了一种以少量信号来表达大量信息的精确传递和验证方式。这种方式减轻了粗笨硬件扭动费力、传递缓慢的缺点。

除了编码系统，另一种辅助显示手段是将电报系统的活动扳臂全部涂成黑色，并且尽可能地安置在高耸建筑物的顶端，如教堂的塔尖。这些措施能让远距离的观察者看清扳臂的方向组合，从而增强了扳臂所示信号的可见度。每条路线相邻两个扳臂信号塔之间大约间隔15千米左右。每个站点都配备一名视力敏锐的观察员，他们通过观察镜监测信号，一旦辨认出具体符号，便将其记录在纸上，并清晰地向站点操作员报告。操作员随后根据听到的指示，精确地操纵控制杆，复制所接收到的信号，并将其传输出去。下一个工作人员重复并发送确认接收信号。为了保护信息的安全，站点的扳臂工人不允许知晓扳臂信号所指示的内容，只需能够准确辨认和传递信号即可。为了能让远处看到信号，信号塔及扳臂设备建造得高大而结实，扳臂工人操作起来缓慢，是繁重的体力劳动。为了确保信息传递过程中的准确性和可靠性，每个电报线路的两端都设有一名站长。他们的主要职责包括：在发送信息时，将待传递的消息编码成扳臂信号；在接收信息时，负责根据既定的编码规则把收到的信号解码还原为消息。同时，每条通信线路上都配备有两名监察官来监督操作人员的行为，确保所有工作遵循既定的操作标准。

与之前的信息传递方式相比较，查普系统的效率非常可观。除了无法在夜晚、雨天或大雾等能见度低的情况下使用，在天气晴朗、空气能见度非常理想的条件下，按照查普的描述，像"卢克纳已前往蒙斯围攻该城。本德正在推进防御。两位将军都在现场。战斗将于明天打响"这样字数的句子，30分钟左右能单向传递出40千米左右。[①]

为了强调实用性，查普在上文的描述中显然带有夸张成分。理论上，单个信号传递可以在10分钟左右的时间内跨越近150千米的距离，但在实际操作中，即使是很短的具体表意的词或词组，信息编码和发送过程也

---

① Holzmann G. J., Pehrson B. The Early History of Data Networks[M]. Washington: IEEE Computer Society Press, 1995: 56.

相当烦琐。事实上，由于直接受天气状况的制约，在能见度高的春夏季节，一份百余字母的电报在使用简语的情况下，包括信息在扳臂电报中转站进行编码和解码所需要的时间，在最理想的状态下，从法国南部地区发送到巴黎的时间可以不超过 5 小时，但基本用尽当天能够进行工作的时间。冬天的信息传递效率则会大幅下降，平均每天能够维持运作的时间大约为 2 小时左右。

二、信息限定和与空间连接的初步实现

扳臂编码的实施主要服务于两个传播目的：一是传达国家意志，二是实现距离的最大覆盖。在 19 世纪初期，这两种意图共同对"传播"建构了过去未有过的功能。虽然这种传播机制在这个时期并未对整个社会产生显著影响，但其所形成的作用为后来的信息传递预示了清晰的方向。

（一）广泛的空间连接

在拿破仑三世政府的支持下，以巴黎为中心的"查普电报"（Chappe telegraph）信息传递工程得到了系统性的实施，其主要方式是通过架设扳臂信号塔。工程规模庞大，首条从巴黎延伸至里尔的扳臂信号线路长达约 190 千米，由 15 座站点连接而成。传递的第一条正式信息鲜明地体现了国家意志，内容是宣告法国军队在里尔取得了对抗普鲁士和奥地利联军的胜利。

距离最长的一条线路是从东南的土伦（Toulon）到巴黎，沿线建有 120 座信号塔，总长度超过 675 千米。此后经过 20 年左右的发展，仅仅围绕巴黎而建立的扳臂电报站点就已经达到 556 个，与全国 30 余个大城市实现了空间连接。随着信息传输量的不断增大，负责信息传递的队伍也不断壮大。因为每个信号塔由审核官和扳臂工人组成的管理机制运作，人数基本按照 1∶2 比例配置。到了 19 世纪 30 年代，这个长达 4 800 千米的系统由数千名扳臂工人每天负责政府信息的传递工作。[①]

显而易见的优势逐渐为远距离信息传递确立了一个标准。在法国的示范作用下，或因军事上的威胁，或因信息传递的便利，以查普式扳臂编码为代表的信号传递系统在 18 世纪 90 年代以后开始在法国之外的主要地区陆续被建造。先是紧邻的德国。在 19 世纪 30 年代，普鲁士政府建设了从柏林到科隆约 500 多千米长的信息传递系统。英国是当时仅次于法国的

---

① Holzmann G. J., Pehrson B. The First Data Networks[J]. *Scientific American*, 1994, 270(1): 124–129.

对电报编码进行深入研究并投入使用的国家。爱尔兰人理查德·埃奇沃思（Richard Edgeworth）在1794年曾建议，在沿海岸线的较高建筑物或山顶，每隔12千米左右建一座4米左右（14英尺）高的塔基，每个塔基上设2～3人使用三角形牌子向8个方向（用0～7编号）发送信号，①同时借助望远镜与远处的相邻塔基建立联系。1795年，约翰·甘布尔牧师（Reverend John Gamble）和乔治·默里勋爵（Lord George Murray）两位发明者分别向海军部门演示了一种可以开合的光栅式信号装置。前者的装置有5个光栅用以指示字母表中的字母。后者的装置由6个光栅组成，排成3列，共形成63种不同的组合，能够包括26个英文字母和10个阿拉伯数字以及一些特殊含义的短语。由于默里的方法能满足海军海事指挥的通常需要，诸如"战斗舰战列线"（Line-of-Battleships）或"风向合适，向北行驶"（to sail, the first fair wind, to the northward），因而被军方采纳。英国于1796年建立了从伦敦到希尔内斯（Sheerness）、迪尔（Deal）、朴茨茅斯（Portsmouth）的通路。1806年又增加了到普利茅斯（Plymouth）的线路，以用于侦测拿破仑军队的动向。1808年通往格雷特雅茅斯（Great Yarmouth）的线路也投入使用。②

瑞典政府在同一时期也建造了扳臂电报系统。瑞典学者亚伯拉罕·尼古拉斯·克鲁伯格·埃德尔克兰茨（Abraham Niclas Clewberg Edelcrantz，1754—1821）在1794年9月号的学术信息交流性质期刊《绅士杂志》（Gentleman's Magazine）上，读到了介绍查普系统的文章（图1-1）。③由于他同时担任国王古斯塔夫四世（King Gustavus IV）的私人秘书，利用职务上的影响，他首先建造了3条短线路，将位于斯德哥尔摩的王宫与附近的战略要点连接起来，仿效查普系统的信息传递方式为皇室提供服务。这些设施后又进一步被用来对英国海军的侵扰进行海上预警。到1809年，由斯德哥尔摩出发从南往北沿着海岸线设立的电报信号塔已经达到50多个，长达200多千米。④然而，与法国和英国的情况不同，瑞典的扳臂电

---

① Kirwan A. J. R.L. Edgeworth and optical telegraphy in Ireland, c. 1790–1805 in Proceedings of the Royal Irish Academy: Archaeology, Culture, History, Literature Vol. 117C (2017), pp. 209–235[J]. *Proceedings of the Royal Irish Academy Section C*, 2018, 117 C: 209–235.

② Lipscombe N. Napoleon's Obsession—the Invasion of England[J]. *British Journal for Military History*, 2015, 1(3).

③ Urban S. The Gentleman's Magazine: And Hiftorical Chronicle. for the Year Mdcccv. Volume Lxxv Part the Second[M]. Londun: BiblioBazaar, 2011. 744.

④ Dabhade I., Dewan M. On the History of Telecommunication: Patents, Disputes and Rivalries that Shaped the Modern Telecommunication Industry[J]. *Telecom Business Review*, 2015, 8(1): 28.

报系统并不属于国家基础设施建设范围，不由国家财政支持，而是由王室财政支持并运营。因此，1815 年之后随着王室衰微，电报信号塔的运营和维护逐渐陷入困境。

```
— George, drama by        lxxxv. ii. 220, 221
— John, epitaph on             lxiii. 320
— Dame Sarah, account of       lxx. 391
Chapone, Mrs. memoirs of       lxxi. 1216
Chappe, Claude, inventor of the tele-
    graph, account of          lxxv. 184, 378
Chaptal, M.                    lxxiv. 774
Chapusette, de St. Valentin, family, ac-
    count of                   lviii. 945
```

图 1-1　1794 年《绅士杂志》第三卷介绍查普系统文章的目录①

19 世纪 20 年代至 30 年代，俄国沙皇政府建造了以圣彼得堡（St. Petersburg）为核心的超过 800 千米的信号站网络。到 1833 年，通过 200 多个信号塔，圣彼得堡能快速将军事和政府信息传至华沙（Warsaw）。② 在 19 世纪 40 年代，西班牙首先在马德里（Madrid）与阿兰胡埃斯（Aranjuez）王宫之间建立了专供王室使用的扳臂电报系统，以后又陆续将这类信号塔扩充到北部的圣塞巴斯蒂安（San Sebastian）、西部的瓦伦西亚（Valencia）和巴塞罗那（Barcelona）以及南部的加的斯（Cadiz），形成了一个颇具规模的信息传递网。③

到 19 世纪 30 年代末期，查普式扳臂电报系统建设在欧洲主要国家达到了高潮。尽管各国的系统相似，但语言差异促进了对信息编码和传递方法的进一步探索。

在法国，这样的系统起初是为了传递军事指令而建立的，因此由战争部负责管理。政局一旦稳定，电报又被用来服务于公共管理和政府决策的需要，运营又纳入内政部（在当时，其功能相当于公安部）的管理之下。在执政者看来，由于这种系统能够在相对统一的时间内将同一信息传递到不同的地方，成为强化和稳定权力体系的有效工具。这样的运行和管理体制推动了把这种技术产物作为一种"观念"，特别是早期被当作"权威"而树立起来。"权威"的作用，在于能够有效连接各个方面而较少受到质疑，甚至不受质疑。

---

①　The Gentleman's Magazine: And Hiftorical Chronicle. for the Year Mdcccv. Volume Lxxv Part the Second.

②　Makhrovskiy O. V. 180 Years of telecommunication in Russia:History of Electro-technology Conference (HISTELCON), 2012 Third IEEE[C]. New York: IEEE. 2012: 1–6.

③　Jarvis C. M. The history of electrical engineering. Part 5:The origin and development of the electric telegraph[J]. Journal of the Institution of Electrical Engineers, 1956, 2(15): 130–137.

尽管法国政权频繁更迭，但每一届政府都积极扩展扳臂电报的覆盖范围，信息传递建设并未因政权变动而被忽视。1795年至1799年的督政府统治时期，法国的中央政令通过电报网络已经能够将东起斯特拉斯堡（Strasbourg）、西至布雷斯特（Brest）、向北到达敦刻尔克（Dunkerque）甚至连布鲁塞尔（Brussels）的广大地区也有效统一协调起来，为法国国家力量在欧洲大陆的崛起起了重要作用。拿破仑执政后，继续扩展这个信号传递网络，将其向西延伸至里昂（Lyon）。此外，还建立了法国沿海地区的电报网络，以侦探敌国船只的军事动向。各个部分虽然会根据实际情况的需要对译码本和机械装置进行繁简的改变，但根本依据没有发生任何变化。随着国家影响力的增长，在拿破仑三世统治的晚期，法国的扳臂电报系统在信息传递能力方面已经无可匹敌，与此同时法国的国家竞争力也提升到相应的高度。

到19世纪40年代，法国中央政府的意图通过扳臂编码的传播，已经能够覆盖到意大利都灵（Turin）、米兰（Milan）、威尼斯（Venice）、比利时的安特卫普（Antwerp）、荷兰的阿姆斯特丹（Amsterdam），以及德国的美因茨（Mainz）等地。[①]

为了确保信息的准确性，其内容在传递过程中需要保持完整。传统的驿马或者信鸽传递方式在很大程度上依赖传递者的忠诚度，而编码传播方式的出现消除了这种依赖，确保了信息的完整性。得益于统一使用编码和解码，大范围地域间的接通让信息传递的效用得到强化。在编码传递的情报支持下，政府能够对政局实施掌控，中央权力得以加强，实现了对军队的有效指挥和快速调动。拿破仑在军事和政治上的成就与这些因素密切相关。因此，包括拿破仑在内的法国后续领导者始终都在不遗余力地推动电报网络的建设，因为他们清晰而准确地认识到维护政权稳定和信息控制之间的重要性。所以，在1794年，当巴黎至里尔的线路刚开始运营时，首条电报的内容便是用以传递宣布法国革命政府取得的一次军事胜利的消息："孔代被遣回巴黎"。[②]

（二）严格的信息限定

扳臂电报系统在法国的发展速度和规模远远超过欧洲其他国家，并不

---

① Holzmann G. J., Pehrson B. The Early History of Data Networks[M]. Washington:IEEE Computer Society Press, 1995.73.

② Holzmann G. J., Pehrson B. The Early History of Data Networks[M]. Washington:IEEE Computer Society Press, 1995.64.

是因为政府喜欢信息传播的新技术，而是与法国的政治和军事斗争处于高度激烈的状态紧密相关。同时期其他相对平静的国家，扳臂电报系统的发展就缓慢得多，甚至没有发展。一个有力证据是1793年之前的法国，虽然也有军事指令传播的需要，但政府对于远距离信息传递系统，基本处于听之任之的状态，没有花太多的力气建立和维护。这并不是因为技术上所需的知识和人才还没有储备充足（扳臂电报系统所用的木梁、铆钉、绳子和滑轮以及所使用的编码思路早已有之），而是需要这项技术的社会因素还不具备。

技术本身是基于社会乃至国家间关系结构的产物，[①]这些关系结构决定了技术的发展路径。编码作为一项媒介技术的诞生物，尤其如此。

尽管扳臂编码传递信息的原理和设计在今天看来已显得非常简单，但它构成了世界上第一套电报系统。[②]这种能够通过空间实现远距离信息传递的方法，除了由木梁、铆钉、绳索和滑轮组成的硬件材料外，还依赖于一本以短线段作为符号语言的编码字典。但它的运行指挥需要团队组合，即使信息顺利传递到接收端，由于人工中继转播过程接连不断，这就导致人员队伍和基础设施规模庞大，而且由于错误操作的情况在所难免，只能由政府实施管理和监测，所起到的作用就只能是服务于国家意志的表达。在当时，不仅是法国，其他国家的扳臂电报系统的操作也遵循相同的原则。特别是扳臂信号编码的使用，仅限于政府官员和军队指挥官，且编码本中超过70%的内容是专为军事通信和政府行政管理而设的。

扳臂编码传递信息加强了政权的集中管理和对边缘地区的控制。当时的普鲁士、俄罗斯和西班牙境内主要存在着未相互连接的短线路，由于电报系统的编码特征受到各自语言特点的影响，不同国家的编码词典无法通用。除非出于政治需求，否则即使技术上可以连接的两个相邻系统，也可能被刻意隔断。在政治和军事对抗激烈的环境中，扳臂编码的限制性功能被充分利用。例如，在法国和德国、西班牙和法国边境处，一个系统内部的信息往往无法被另一个系统解码和翻译。如果存在政府间交流的需求，就需要由专人携带信息递送到目标系统区域后，再将其转换为当地的编码方式，并通过电报系统传送出去。

在19世纪早期，扳臂编码得益于军事扩张政策的支持，已经在欧洲

[①] 李福，周卫荣，潜伟. 从技术与社会的关系看技术的文化本质——以中国古代青铜技术为例 [J]. 科技创业月刊，2012(07)：152–155.

[②] Karwatka D. Claude Chappe and the first telegraph system[J]. *Tech Directions*, 2002, 61(10): 10.

多个国家和不同语言中使用。然而，这种广泛应用并非以推动社会公共交流为目的。在这种背景下，即使当军事和政治的冲突不再非常急迫，一些信号塔和通路有条件可以转为其他用途以节约整体运营成本的时候，仍然受到制约就不难理解了。查普曾提出建议，为了减轻政府负担，应该将这种设备推广到民用领域，以获得更多实际利益。然而，拿破仑仅批准了传递彩票信息的要求，对其他一切均予以否决。即便是彩票业，当时也是政府垄断专营的领域（因其暴利），直至1837年，虽然电子电报已经被商业界采用，但法国政府仍然对扳臂电报系统施加严格的管控，并对未授权使用该设备传输私人信息的行为实施刑事处罚。这正是因为扳臂编码技术本身具有巨大的政治意义，政府需要对其进行严格的控制和管理。

这种现象反映了扳臂编码在建立空间连接和传递信息时，受到其所在社会环境的政治、军事等因素的影响，从而形成了特定目的的媒介功能。在这样的限定当中，经过精心筛选和设定的编码，作为技术本身具有的广阔空间连接"能力"，与现实应用的局部"意图"之间表现的不一致是一种带有矛盾性质的存在。

技术的通用性与环境的具体性之间的不匹配导致了矛盾，形成了一种动态的机制。无论是技术方面还是环境方面，其中任何一项要素的变更，都会导致媒介功能产生新的表现。例如，扳臂编码在商业信息传递中的应用就是这种动态机制的一个实例。

三、早期商业信息传递

正是这种矛盾，制约了扳臂编码在社会领域的普及，然而这亦暗示了该技术在未来的突破方向。一些商业和贸易频繁的地区成为扳臂编码新应用的先行者，为编码传播提供了有利的环境和条件。

从19世纪初开始，一些敏锐的投资者为了能够先于竞争者获得重要的商业信息以增加利润空间，开始使用编码信息来传递情报。1801年，有商人在波士顿（Boston）投资建造了一条长约11千米的通信线路，连接到玛莎葡萄园岛（Marth's Vineyard），主要用于传递船只进出港口以及装卸货物的信息。[①] 这种将编码与商业资讯相结合的做法，与当时以法国为代表的地区主导的信息传递观念不同。它突破了扳臂电报仅用于传播政

---

① Schwarzlose R. A. The Nation's Newsbrokers:The Formative Years, from Pretelegraph to 1865[M]. Evanston:Northwestern University Press, 1989.9.

治和军事权力意志的局限。

扳臂电报系统在金融信息方面的应用，发出一个明显的信号，即编码传递在广阔的社会生活范围内具有明显的实用价值。当时火车的速度每小时 12 至 16 千米，周边地区如果利用它来传递来自纽约的信息，通常获取信息的时间为 2 天左右。如果利用扳臂编码传递，一条极简信息在理想气候条件下最高可达每分钟 6 千米，理论上纽约周边地区在 1 小时左右即可接收到信息。

扳臂编码的这种快速优势对于商业信息传播的实用性，很快就被投机商意识到。因此在 19 世纪 30 年代之前，在商业信息最为富集的纽约，利用电报来传递金融情报的做法日益增多。1812 年，纽约市建立了一条连接布鲁克林（Brooklyn）和史丹顿岛（Staten Island）之间的通路。1820 年，新闻中介塞缪尔·托普利夫（Samuel Topliff，1789—1864）在波士顿长岛（Long Island）东端建立了扳臂信号线路，能够将消息传送至位于纽约州西北部的利物浦（Liverpool），为纽约市 5 家主要报纸[1]提供关于港口动态、天气情况、轮船航班以及国内外新闻。1833 年，波士顿港口船长协会会员在语言学者约翰·皮克林（John Pickering）的说服下，采纳了使用扳臂编码来传递消息的提议。[2] 在整个 19 世纪 30 年代，波士顿港口沿岸建有 4 座用来传递和交换航运及货运信息的查普式信号塔（图 1–2），信号延伸达到 20 多千米。到 1840 年时，波士顿的扳臂电报系统使用图 1–3 中所示的编码，已经能够将纽约交易所的股票价格和奖券号码快捷地传递到 150 千米外的费城（Philadelphia）。[3] 因此，借助报纸和杂志这种文字信息的轻便传递介质以及公共交通系统（主要是铁路运输），扳臂编码在 19 世纪早期商业信息领域的作用初现端倪。

---

[1] Topliff 新闻编辑室是当时波士顿最为有名的新闻中介（Merchants News Room）之一。当时波士顿主要有 6 家报纸，其中 5 家报纸从 Topliff 新闻编辑室获得新闻，每份售价分别是 Columbian Centinel（5 美元），Boston Gazzete（20 美元），Boston Independent Chronicle（5 美元），New England Palladium（5 美元），Boston Patriot（35 美元）。

[2] 1833 年 2 月 5 日，约翰·皮克林在波士顿港口做了关于电报使用的演讲：A Lecture on Telegraphic Language:Delivered Before the Boston Marine Society，演讲稿的最新版本为 Kessinger Publishing 于 2010 年 9 月出版的单行本。

[3] Schwarzlose R. A. The Nation's Newsbrokers:The Formative Years, From Pretelegraph to 1865[M]. Evanston:Northwestern University Press, 1989.12–14.

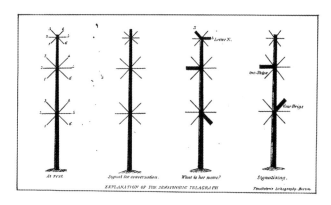

图 1–2　19 世纪 30 年代波士顿港口发送商业信息的扳臂电报 ①

Indicator.	Nos. by the Arms.	Explanation of the Numbers.
3	6224	Ship Undine of Duxbury,
4	1664	Fifty-seven days passage
5	3162	From Cadiz.
1—4	2634	Ship's crew
5—1	1 3	Unable
4—6	455	To
5—3	1345	Work.
4—5	525	Will you send
4—5	1512	Six
3—4	424	Men
2—5	65	Immediately?
ANSWER.		
6—4	4	Yes.

图 1–3　波士顿港口扳臂电报使用的编码 ②

巴黎证券交易所与伦敦证券交易所直线距离约为 350 千米，但中间横跨了英吉利海峡，陆路加海路的复杂交通情况通常需要一个星期的时间来传递证券的价格信息。对于依靠证券价格信息买卖获利的投机者来说，能在这个既定环境中获得速度上的优先权就意味着源源不断的财富。在当时，法国和英国有实力的贵族，一直使用信鸽来保持速度上的优先，还有一些人则使用快速舢板来克服海峡带来的巨大障碍。这种情况下，远距离快速信息传递方式只要是可能的，就一定能引发密切关注。另一个例子是，在 1815 年拿破仑战争刚刚结束时，罗斯柴尔德家族通过使用快马和编码传递信息，比英国政府更早得知了战争的结果。这是他们在债券市场上提前获得巨额利润的原因之一。

① Pickering J. A Lecture on Telegraphic Language:Delivered Before the Boston Marine Society, February 5, 1833[M]. Hilliard, Gray, and Company, 1833.40.

② Schwarzlose R. A. The Nation's Newsbrokers:The Formative Years, from Pretelegraph to 1865[M]. Evanston:Northwestern University Press, 1989.21.

因此，扳臂编码在军事情报传递和政府施政中展现的优势开始在报纸、铁路、船运公司和金融投机者的领域中显现。金融信息领先一步就可以获得巨大利润的诱惑，通常都让追逐它的人无所不用其极，因为即便是普通的旁观者也能显而易见地看出，除了每个信号在中继站点消耗的时间，这种远距离传递情报的过程完全就是光线传递，在速度上具备的优势是其他途径根本无法相提并论的。虽然铁路的延伸也在速度方面改变着人们的观念，但它更多体现的是"已经到达"与"还未到达"这两者之间的区别，扳臂编码则意味的是"只用了这么些时间"。这自然导致了人们对扳臂电报系统趋之若鹜。随着时间的推移，这项原本用以维护权威的技术，其宗旨被追求利润的愿望所取代。

尽管扳臂电报系统突破了原本用于保障政权稳定和社会秩序正常运行的规则，将股票价格和彩票摇奖号码从纽约传至费城，从巴黎传至伦敦，然而，随着时间的推移，到了1840年前后，由于商业驱动的不足，扳臂编码未能继续发展，也未能成为广泛使用的远距离商业信息传递系统。这是因为扳臂电报系统相对庞大的架构只能以较为缓慢的速度建设，面对虽然还在完善但已经问世的新型电报，扳臂电报系统只能渐渐远离人们的视线。

扳臂编码让信息的传递无须伴随媒介的同步移动，这一突出而醒目的特点很容易引发人们的关注。这之后，如何将具有特定含义的信息能够尽可能远、尽可能快地传递到指定位置并且还处于意图控制之下，成为传输技术的核心目标之一。

扳臂编码的设计与应用确保了信息在传输过程中的准确性、可理解性和可解释性，这在信息传输中具有关键性的意义。这也推动了信息表示和处理的标准化和有序化，既为各种编码系统的建立提供了坚实基础，又为创建理解这些编码系统的方法（即建立和使用通信协议）提供了指导。因此，社会整体趋向于使用统一的理念，以更大规模地传输和接收信息。在随后电磁学带来的科技革命中，这个方向的探索遇到了历史性的机遇。电脉冲的发现和应用，让文字和符号传播在媒介选择方面找到重要的突破。在不断持续的尝试方案中，基于已经固化的字母表制作一个符号示意阵列已成为共识。

专门用于编码传递信息的路线就此被开启。在此之前，信息传递必须从一个地方实际运送到另一个地方，需要花费至少几天甚至几周的时间。有了这样的方式，信息的远距离传输形式彻底改变，并很快蔓延到社会的许多方面，特别是商业和新闻业。

第二节　19世纪30—40年代编码的社会应用

媒介功能是在技术的通用性与特定环境因素的具体性之间形成的技术动量轨道上发挥作用。当这种建构动量的矛盾因素在结构层面发生变化时，这条技术轨道的方向也会相应发生变化。这种变化有时候源于环境要素的影响。

在19世纪初至30年代，扳臂编码用于信息传递的功能发生了显著改变。这种变动同样也可能源于技术方面的进展。特别是在18世纪末至19世纪初，电学的兴起极大地激发了人们对信息传递研究的热情。这一波热情在19世纪早期推动了电报技术的第一批研究成果。

随着电学和电磁理论不断被深入揭示，到了19世纪30年代，电信号的生成已经能够稳定持续，这样的变化为信息编码技术带来了重要的创新前提。基于电磁属性，编码方式和设计得到了全新发展。这一阶段中，俄罗斯科学家兼外交官希林较早设计的带有二进制特征的编码，但由于当时特定的社会环境限制，其实际影响相对较小。除了希林码，高斯-韦伯码也具有明显的实用性特征，是这个时期编码方法的典型代表。卡尔·奥古斯特·冯·斯坦海尔（Carl August von Steinheil，1801—1870）的点状符号和库克-惠特斯通五针电报系统符号，是这一时期进入实际应用领域的编码。[1]

这一历史时期，在商业和贸易驱动下，使用电报技术进行通信的主要国家正经历第一次工业革命带来的社会财富增长转变。社会经济因素对技术功能的形成和应用方向产生了决定性且有力的推动。[2] 尤其在已经构建并广泛存在的公共商业领域，如公共交通（特别是铁路系统）和资本市场（如证券的发行与交易），社会观念在很大程度上决定了社会技术创新的演变方向。因此，电信号编码技术在实验阶段取得初步成功之后，其功能和用途经历了一次显著的转型。这一转型不仅延续了扳臂编码在传达国家意志方面的作用，更重要的是，它将技术进步带来的潜在致富能力广泛应用于社会信息传播。

在电磁理论与社会变迁两个维度的共同影响下，编码技术开始在社会整体层面引发技术替代。扳臂编码所建立的信息传递机制，使得信息传播

---

[1] Highton E. The Electric Telegraph: Its History and Progress by Edward Highton[M]. London: John Weale, 1852.163.

[2] 邢怀滨, 陈凡. 两类技术动力模型的比较分析[J]. 科学学研究, 2002(02):113–117.

能够与其物理载体分离。基于这一技术革命，电信号的远距离定向传输，使得编码信息的传播速度和覆盖范围，大大超过了已经存在近 50 年的人工信息传递方式。这一变革不仅改写了扳臂电报时代编码用途的专属性，还逐渐塑造了 19 世纪后半段信息传播的主要特点。

一、19世纪30年代以前的编码新探索

在编码技术的传播功能形成的历史中，早期的构想之一出现在 1753 年 2 月的《苏格兰人杂志》(*The Scotts Magazine*) 上。该期杂志刊登了一篇题为《传递情报的快捷方法》(*An Expeditious Method of Conveying Intelligence*) 的文章，① 提出了利用电来传递信息的想法。这是在编码和电报技术得到实质性发展之前一个带有想象成分的讨论，更多是显示了人们早期对于快速通信的愿望。在这篇署名为查尔斯·马歇尔（Charles Marshall）的文章中，构思了一种方法：利用摩擦产生的静电，使用两根导线按既定顺序将 26 个字母依次传递到另一头。但这篇文章并没有涉及 code（编码）这个概念，也没有提到信息的编码处理。而且按照文中提到的设计，一条信息无论长短，中间没有句读，单词挨着单词，字母连着字母，缺乏可读性。

马歇尔构思提出之后，陆陆续续有人提出类似的想法并付诸了实践。1774 年，瑞士科学家乔治·路易·勒萨奇（Georges Louis Le Sage）利用静电原理设计的模型中，也利用了不同线路来分别标识各个字母。在这个作品当中，设备接收端使用通草球作为字母的信号指示标志。根据试验模型的设计，带上电荷的导线会排斥另一头连接着的通草球，通草球会发生晃动，以此"位移"来作为视觉传递信号或通过晃动敲响小铃铛产生声音传递信号。

比起马歇尔在文章中的构思，勒萨奇的设计有两个显著而且重要的区别：

①用单根传送导线替换多条字母信号线；
②用数字对字母进行预先标识。

这样的改进带有明显的波利比乌斯棋盘密语特征，按照今天的标准来看显得比较简陋。由于其信号只能通过一根导线传递，所以必须进行事先的编码转换：将 0～9 的数字从"量"的描述中抽离出来，仅当成单纯的"指向符号"来建立数字编码与字母的一一映射，实现"用尽可能少的元素描

---

① 这篇文章在 1881 年 11 月 12 日出版的杂志 *The Electrician* 上被原文刊出。

述尽可能多的意义"。因此这个试验,除了设备的演示意义之外,在电子电报编码的产生上属于自然信息码阶段,具有重要的初始探索价值,它推动了信息传播朝着"体""用"分离的方向思考。

1809年,德国慕尼黑科学院的塞缪尔·托马斯·冯·索梅林(Samuel Thomas von Sömmerring,1755—1830)展示的模型具有代表性:设计者用不同的字母来分别标识每根电线,电线两端连接能产生氢气的装置,电线一头如果有气泡产生就说明另一头发送出来的电流已经到达。[①] 这样就可以用气泡的有无来表示信号线路是否处于工作状态。虽然这个设备还设计了能发出响声的铃铛,但邻近的两个声音无法区分,因而也就不能起到标识的作用。有些实验则利用伽伐尼电池(基于生物化学反应)或伏打电池(基于化学反应),让电流在金属管线两头来回传递,在既定时间间隔范围内,传导电线闪烁出现的约定数量火花来表示信号。1827年,美国人哈里森·格雷·戴尔(Harrison Gray Dyar)设计的模型,可以通过电火花制造的化学反应在石蕊试纸上产生出红色的点,不同时间间隔的点可以被视为独立的信号,每个不同的信号用一个字母来表示。[②]

法国物理学家安德烈·玛丽·安培(André Marie Ampère,1775—1836)设计了一种利用磁效应的检流器,用于检测导线中是否有电流流过。当电流存在时,它所产生的电磁效应会使检流器的指针发生偏转,这样,在磁力的吸引下,指针能够提供视觉上的指示。这一设计灵感后来被进一步发展,形成了一套信号发送和接收的系统。在这个系统中,每个字母都可以通过特定的指针位置来表示。1816年,弗朗西斯·罗纳兹(Francis Ronalds)向英国海军部自荐了根据这种原理而设计的电子电报,该电报以钟表表盘和指针偏转指向方式显示信号。设备只有两个能较长距离传输电信号的电线,在传输速度、准确性和稳定性等方面表现出明显的优势。[③] 不过,其编码的编排缺乏效率,同时缺乏连续电流供应,因而未被海军部采纳。这并不是海军部反应迟钝。在拿破仑统治时期,英国为了增强防御能力,积极发展了适用于海上的波帕姆(Popham)旗语系统,[④] 一方面用于保护英国的海岸线,另一方面侦查法国海军的行动。这套系统已经积累

---

① Stumpers F. L. The history, development, and future of telecommunications in Europe[J]. *IEEE Communications Magazine*, 1984, 22(5): 84–95.

② Anderson J. M. [History and reflections on the way things were] Morse and the Telegraph:Another View of History[J]. *IEEE Power Engineering Review*, 1998, 18(7): 28–29.

③ Hubbard G. Cooke and Wheatstone:And the Invention of the Electric Telegraph[M]. New York:Routledge, 2013.6.

④ 由英国海军上将霍姆·波帕姆爵士(Sir Home Popham)于1803年设计。

了丰富的运行经验，不仅配备了技术熟练的操作人员，而且信息传递持续稳定。

罗纳兹遇到的情况代表了当时已经使用电报技术地区的实际情况。1813年《讽刺家》(*The Satirist*)杂志刊出的一首诗中透露了扳臂电报在当时社会当中的影响力：

> 我们的电报机，就让我们留着吧，
> 它们从远方传来好消息，
> 也许还能送出更好的东西——博尼（拿破仑昵称）睡着了，
> 压迫和战争都结束了。
> 所有的人都必须摒弃电子电报，
> 它们的服务只是一种嘲弄；
> 不适合为我们提供更多的情报，
> 比这更令人震惊！①

接下来的发展阶段中，英国展示的电报设备模型已能够在电磁感应原理的基础上实现指针的连续偏转。与先前的设计相似，每个字母由一根磁针表示，每根磁针通过一组电线控制以进行方向指示。尽管存在线路众多等缺陷，但这些电报设备清晰指示的功能已经比较显著。科学家们努力探索利用电来传递信号，这在当时属于前沿技术试验。它不仅是对电理论的应用探索，更在符号系统设计上形成了一种方向性探索，对后来电报指示设计具有启发作用。

二、具备实用价值的三种组合

到了19世纪30年代，电子电报系统的研究进入高峰期，希林、高斯和韦伯、斯坦海尔等在扳臂电报配合编码传递所表现出的实用性或受相关发明的启发，均成功实现通过电流直接从接收器上呈现字母的想法，电信号所产生的实际传播功能逐步汇成有使用价值的成果。

（一）希林电报编码

第一个具备实际使用功能的设计是由希林于1823年提出的。他除了改进普通电报系统的设备功能，还改进了信号表达。希林与慕尼黑科学院的索梅林有着超过10年的私人友谊，在交往过程中，希林根据索梅林设

---

① 转引自 Fahie J. J. A History of Electric Telegraphy, to the Year 1837[M]. BiblioLife, 2015. 246. 诗中的第一行电报机是指扳臂电报，而非电子电报。

计中利用电线圈产生的弱磁吸引磁针产生偏转的现象,设计了一套使用六对黑白键通过六根连接线控制六根磁针进行左右偏转的方案,并于1832年在圣彼得堡进行了展示。[①] 电磁指针信号比静电指针更稳定,因而更便于进行深入研究。

在这个编码方案中,每根磁针可以呈现三种不同的状态:黑色(◆)、白色(◇)和静止(丨)。其中,"黑色"和"白色"状态与六根针代表的特定逻辑位置(即左偏和右偏)结合,用以编码不同的字符信息。"静止"状态(即中立)虽然不直接编码特定字符,主要作为占位符或间隔符的角色,但对于保持整个编码方案的顺畅运作至关重要。通过这样的方式,六根针能够组合出64种(即2的6次方)不同的信息编码。

在理论和逻辑上,气泡的"产生"与"消失",以及通草球的"运动"与"静止"虽然比磁针需要使用的"左偏""右偏"和"中立"三种状态更加接近二进制,从而在理论上具有更大的编码优势,但在实际操作中,精确控制气泡的生成和消失的速率和数量,以及通草球的摆动幅度和持续时间,是非常具有挑战性的。相比之下,磁针的偏转操作更容易操控和计次,即便它也有自身的局限性。因此,尽管二进制编码在理论上有其优点,但在实际操作中,利用三进制编码(利用磁针的三种状态)显示出更高的实用性,它能更有效地适应现实环境的应用约束。

通过三种不同的磁针状态来编码俄语的33个字母,在当时是通信技术领域的一大进步。考虑到当时的技术水平和实施条件,这种编码方法是一种高效而实用的通信手段。希林的编码系统还是最早将磁针的"静止"状态纳入信号系统的设计,这一概念与莫尔斯的电报系统中使用"火花间歇"的原理有相似之处。

后来,希林将电报装置简化,使用五根指针。如果每一次偏转都被认为是一种信号,那么单根指针在一次通信中可以产生两种状态的信号:向左偏或向右偏。如果不考虑指针的静止状态作为信号,且假设每根指针在单次通信中只能向一个方向偏转一次,那么五根指针总共能够表达32种(即2的5次方)不同的信号。通过这些偏转信号以及它们的组合,字母和数字都能被清晰地编码和传达。这在当时是信号传输领域的一大突破。1835年,在德国波恩的学术会议上,希林展示了他的五针电报和相应的

---

① Baal Schem J. History and technology—Mutual impacts: EUROCON 2009: International IEEE Conference Devoted to the 150th Anniversary of Alexander S. Popov, Vols. 1–4, Proceedings[C]. New York:IEEE Press, 2009: 1061–1064.

电报编码系统。①

在19世纪30年代初，希林还设计了首个基于单线路操控磁针的电报系统。对于这样的单针电报机来说，需要对磁针的三种状态进行特殊的非均匀编码。例如，可以采用"◆"（单个黑色）、"◆◆"（两个连续黑色）、"◆◇"（黑色后跟白色）和"◆◆◇"（两个连续黑色后跟一个白色）等形式来进行编码。技术史家认为，这种编码方法与后来的莫尔斯码高度相似。②尽管这种仅包含一根可偏转信号指针的电报系统在当时超越了法国和德国的相似研究，并且在历史上具有重要意义，③但它被特别设计来适应俄语的语言特点，这种应用范围的局限性使得它并不广为人知。

在俄罗斯政府的支持下，圣彼得堡市内铺设了一条长达5.5千米的实验传输线路。为了全方位评测设备的实用性能，一部分电线被浸泡在水渠中，以观察其在各种环境条件下的稳定性。这无疑在当时被视为一项极为严苛的测试标准。线路运行5个月后，沙皇指示希林在克朗斯塔德（Cronstadt）和圣彼得堡海军基地之间建立海底的电报连接，这个计划在1837年希林突发疾病去世后搁浅了。鉴于沙皇俄国的特殊政治氛围，一方面忙于应付由农奴制带来的国内政治危机，另一方面要应对国外军事和政治围攻，政府缺乏科技创新的动力，无暇顾及这个极具前景的技术，致使它最终没能走向实际应用。这再次证明技术的存在依赖于特定的社会关系和文化环境。

（二）高斯–韦伯电报编码

在磁针设计的先驱者中，哥廷根大学数学家卡尔·弗里德里希·高斯（Carl Friedrich Gauss，1777—1855）和电学家威廉·爱德华·韦伯（Wilhelm Eduard Weber，1804—1891）的工作，与希林相比，也同样具有重大贡献。

由于两个人办公地点相距较远，出于方便联系的目的，在一次关于磁测量的研讨会上，他们首次提及了构建电报系统的念头，并为此草拟了初步的设计方案。随后，于1833年在韦伯观察台和高斯的实验室之间，使用铜线架起了一条约2千米长的双路实验线。这条线路并不简单，它的每

---

① Borisova N. A., Bakayutova L. N. International Importance of Professional Societies and Associations in Development of Telecommunication: Russian experience[C]. In History of Technical Societies, 2009 IEEE Conference on the 2009 Aug 5, 2009. New York: IEEE Press, 2009: 140–143.

② [英]查尔斯·辛格. 技术史. 第IV卷, 工业革命（约1750年至约1850年）[M]. 辛元欧，等译. 上海：上海科技教育出版社，2004．443.

③ Highton E. The Electric Telegraph: Its History and Progress by Edward Highton[M]. London: John Weale, 1852.56.

一端都配备了一根带有小镜子的磁针。当电流通过这条线路时，磁针会受到磁力的作用而发生偏转，进而导致与之相连的小镜子发生转动。镜子的转动又会反射出光线，通过观察这些光线的变化，就可以推知磁针的偏转情况，从而实现远程沟通的目的。这台电报机在当年的复活节实现了第一次电报通信。最初的设计使用"＋"和"－"符号进行五位编码（图1-4），[①]而后于1834年改为使用"right"（右偏）和"left"（左偏）实现更精简的非均匀编码。

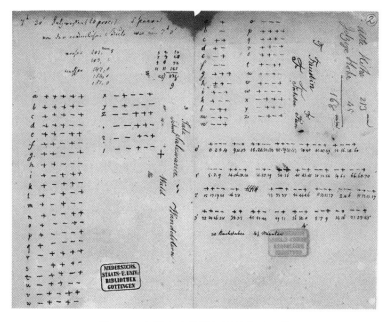

图1-4　高斯和韦伯最初设计的编码[②]

高斯-韦伯电报编码利用左右两种信号和不同位数组成，对字母和数字做了30种编码，其中c与k、f与v各使用相同的编码方式。尽管当时还没有人明确指出，但其二进制特性已经相当明显。[③] 为了使基于"左"与"右"表达的编码能够符合简化规则，他们在1835年参加了波恩学术会议后对编码上进行了更细致设计。根据德语的语法习惯，他们首先为元音字母分配编码，然后再为其他字母和数字分配编码，使得指针的偏转与

[①] Cajori F. Carl Friedrich Gauss and His Children[Z]. JSTOR, 1899.

[②] Martin-Rodriguez F., Garcia G. B , Lires M. A.Technological archaeology: Technical description of the Gauss-Weber telegraph[J]. *IEEE, 2010. Second Region 8 IEEE Conference on the History of Communications, Madrid*, 2010.3.

[③] Turnbull L. The Electro Magnetic Telegraph:with an Historical Account of Its Rise, Progress, and Present Condition[M]. Philadelphia: A. Hart, 1853.60.

德语的语法习惯相结合。例如：

右 =a

左 =e

右 + 右 =i

右 + 左 =o

这代表了一种二元表达探索。单一的左或单一的右偏转信号构成最低级别单元，如果不限定指针的摆动次数，从理论上来讲，这种方式有无穷多个组合。从表面上来看，这是开放式编码组合，但从另一个角度来看，即使从最小一级信息开始，也需要按照固定的方式和格式来发送。例如，单次右偏转的示意只能固定为"a"而不可以是"e"；如要表示"d"，必须是两个"右"后跟一个"左"。无论数量多少，只是结构中所能包含字母和数字的增与减，但各自的位置不会发生变化。通过这个设计而发送的"米歇尔曼在路上了"是第一份传递的普通个人信息。他们的设计已经非常精巧了，但两位科学家对这套指示设备的探讨主要集中于对电特性的分析，并未进行实用性研究。

（一）斯坦海尔电报编码

德国数学与物理学教授斯坦海尔的一个重要科学贡献是发现了地表具有导电性现象，并认识到电报系统的信息传递方式将会对铁路调运产生重要价值，因而设计了非常精密的电报系统和实用特征明显的编码，并且将这项技术用于铁路试验并促进了该领域其他相关探索。

1835年，斯坦海尔作为巴伐利亚皇家社会和科学学院成员访问了高斯和韦伯，并详细了解了他们电报系统的技术构成（图1–5）。他对这项技术非常感兴趣，回到慕尼黑大学后就着手进行实验。斯坦海尔架设的电报线从皇家天文观测台出发，经过皇家科学院及相邻建筑物的内部，接到了自然哲学院机械车间储藏室的电流生成器上，其总长度（包括回路在内）为39 209英尺（约12千米）。这个电报系统的设计相当精巧，代表着对高斯–韦伯电报系统的一种显著改进。它包含了一个类似于倍增器的关键部件，该部件在连续旋转时能够持续产生电流信号。由于该系统能够支持顺时针和逆时针两个方向的旋转，因此能够在其旋转过程中生成两种相反的电流信号。电流信号通过一根导线传导到两个磁针上，一个流经正电流，一个流经负电流。每根针都连接有一小块油墨和一支笔，当磁针被机械力压下并与纸面接触时，两根针分别会在由发条机带动的纸条上留下两排痕迹。

LXVI.

Beschreibung des galvano=magnetischen Telegraphen zwischen München und Bogenhausen, errichtet im Jahre 1837 von Hrn. Prof. Dr. Steinheil.

Mit Abbildungen auf Tab. IV.

Der Telegraph (worüber bereits im polyt. Journal Bd. LXVII. S. 388 eine historische Notiz mitgetheilt wurde) besteht aus drei wesentlichen Theilen: 1) einer metallenen Verbindung zwischen den Stationen; 2) dem Apparat zur Erzeugung des galvanischen Stromes und 3) dem Zeichengeber.

图 1-5　1838 年斯坦海尔介绍高斯－韦伯电报系统的文章标题及摘要 [1]

为了让这些信号能表达实际意义，斯坦海尔设计了一套编码系统。这套编码系统最初是由一系列等长线构成，这些线被划分为"上部"和"下部"两部分。如果是正电流通过，就会在标记线上方绘出信号；如果是负电流通过，就会在标记线下方留下信号。通过使用 2～4 个等长标记形成的信号组，"上""下"两部分的组合能够表达出 24+23+22+2=30 符号，可以涵盖 30 个字母。在随后的改进中，画出的等长线改为了油墨"圆点"（图1-6），效率得以提高。由于每个字母和数字的编码都不超过 4 个点，因此系统在一分钟内能够传输的字母或数字的数量最多可以达到 6 个。这与后来发明的莫尔斯码也有着显著的相似性。

从图 1-6 可以看出，符号之间的时间间隔由纸上同一行中的点与点之间的距离表示。同类符号之间的间隔必须保持相同。单个圆点之间的间隔保持相等，圆点组合间的间隔同样保持相等，并用较长的停顿来表示每两个圆点间的非连续状态。在通信的基本规则确定好之后，可以建立适当的组合，以形成表示字母表或速记字符系统来实现传播的目的。编码表中所列出的字母是德语表达中高频使用的，一些低频字母（C、J、Q、U、X、Y）被省略掉了，而且可以看出，最高频率的字母使用了最简单的符号来表示。甚至为了便于记忆，设计者刻意将一些符号的外形设计成罗马字母。1836年，斯坦海尔展示了这套编码。[2]

---

[1] Dingler J. G., Dingler E. M. Dinglers Polytechnisches Journal, Vol. 70 [M]. Berlin: J. G. Cotta, 1838. 292.

[2] Huurdeman A. A. The Worldwide History of Telecommunications[M]. New York: Wiley, 2003. 54.

图 1-6　斯坦海尔电报点式编码[1]

在改进其发明的过程中,斯坦海尔在电流生成器上增加了两个不同音调的小铃铛。这种设计使得铃铛即使在同时响起时,听者也能轻松地区分它们的声音。具体来说,较低的音调被用来标示负电流的流动,而较高的音调则表示正电流的流动。

斯坦海尔的电报系统包含了类似莫尔斯码那样的声音信号识别功能,但这一系统并未得到广泛使用。当时德国分裂成许多自治州、地区和城邦,且各有自己的法律、政策和管理系统。政治上的碎片化对统一通信系统的推广构成了障碍。尽管普鲁士是其中最强大的州,但直到1832年才在柏林(Berlin)到科布伦茨(Coblenz)之间建立了第一条电报线路。整个奥德地区尚未具备电子电报技术推广与应用的条件。

1849年,斯坦海尔参与建立了慕尼黑(Munich)至奥格斯堡(Augsburg)的铁路电报系统,并在同一年被委托组建连接奥地利的电报联盟。为此,他在慕尼黑和萨尔茨堡之间搭建了一条142千米的线路,并连接了其他几条线路。1852年他接到瑞士政府邀请为地方组建类似的系统,在实施过程中已将其设备改装为莫尔斯码系统。伴随电报系统对周围地区和国家影响的不断增大,斯坦海尔主张在整个欧洲地区都使用这套点式编码。

三、编码传递的社会应用

新型电报系统在开发和设计过程中面临的主要问题可以概括为三个方面:

① 如何利用电的特殊属性来传递清晰、明确的信号。这涉及电流的控制和信号的编码方式,确保信息传输的准确性。

② 如何提高信息的密度,即如何利用电信号传递尽可能多的信息。这意味着需要设计一种高效的编码方案。

---

[1] Taliaferro Preston Shaffner, The Telegraph Manual: a Complete History and Description of the Semaphoric, Electric and Magnetic Telegraphs of Europe, Asia, Africa, and America, Ancient and Modern[M]. New York: Pudney & Russell Publishers, 1859.178.

③ 如何增加信号的传输距离，使得电报系统能够跨越更长距离进行通信。

一旦电流供应的持续性和稳定性不再成为电报技术发展的障碍，信息表达的方式就成了开发工作所面对的核心问题。设计者们放弃了依赖于明显且巨大的横梁位移的传统扳臂电报系统，而是转向了以字母作为信息传递的基本单位。在这种系统中，每次电信号传递一个字母，接收端依靠语言中的单词构成规则将字母组合起来，进而形成完整的句子。这种传递方式在理论上具有无限表达意义的可能，极大地拓展了电报的信息表达能力。

然而，当考虑到操作设备的效率时，逐个字母传递的方法通常只适用于实验性的场合。在实际的电报操作中，这种方式可能会因为操作员输入和解读信息的速度限制而变得低效。因此，设计者们还需要考虑如何在保持信息表达丰富性的同时，提升操作的效率和速度，以适应实际使用中的需求。

在19世纪30年代，在众多研究者的参与和交流中，使用字母表作为编码手段进行信息的有序传递，已经逐渐为人们所熟悉。这种方法得到了广泛的认同，不再仅限于特定的地域或某些发明家。随着对信息传输的认识日益加深，以及通过各种学术会议的举办，不同的观点和实践开始相互交融。这种交流最终形成了一个共识：字母表是一种高效的信息表达方式，能够与电报指示器相匹配。

设计电报系统时，关键之一是制定和应用编码表，以便将信息高效转换为电信号。这个过程不只基于深入的电学知识，更着眼于通讯服务需求和传输效率。具体来说，它涉及为每个字符或符号分配独特的电码（即信号序列），以确保传输中信号的稳定与准确，并努力减少错误率、提高传输速度。虽然欧姆在1826年提出的欧姆定律确立了电流、电压和电阻之间的定量关系，对电学理论具有里程碑意义，但它并不直接提供信息传输的解决方案。欧姆定律为理解电流提供了基础，但提升电报系统效率更依赖于精心设计的编码方案和传输过程中的信号管理与优化。

（一）三针电报系统组合

1836年，威廉·库克（William F. Cooke，1806—1879）在德国海德堡大学看到了希林设计的电报系统模型。他敏锐地意识到这一模型所蕴含的商业价值，回到英国后便开始研究设计自己的电报模型。1837年2月，他与查尔斯·惠特斯通（Charles Wheatstone，1802—1875）相遇。惠特斯通当时是皇家学会的研究员，同时在伦敦国王学院（King's College London）从事电学研究，密切跟踪电学的最新进展，这为两人合作开发实用的电报设备打下了坚实的科学基础。同年6月，两人一起申请了名为《利用金属电路传递电流信号和远距离声音报警的改良技术》(*Improvements in Giving Signals and Sounding Alarms in Distant places by means of electric currents transmitted through Metallic Circuits*) 的专利。①

然而，他们很快意识到，产生和传送电流相对容易解决，真正的挑战在于如何使文字在电路两端恰当地表现。最初设计的方案是将26个字母设定在26条导电线路上，随后尝试用更少线路传递全部字母。彼得·罗杰（Peter Roget，1779—1869）对库克和惠特斯通的设计提出了建议，这为两人尝试将电和语言以合适的方法联系起来提供了帮助。② 罗杰在电学和语言学两个领域都有建树，除了撰写过《关于电学、电化学、磁学和电磁学的讨论》(*Treatises on Electricity, Galvanism, Magnetism, and Electro-Magnetism*)，同时还编纂过《英语词汇和短语词库》(*Thesaurus of English Words and Phrases*)③。

库克和惠特斯通设计了一个使用三根电线回路来控制三根磁性指针的电报系统。系统中的每根指针都能够独立移动，使得它们可以排列成不同的信号组合，以表述不同的信息。在这个系统中，两位发明家经过仔细研究和选择，从所有可能的信号组合中挑选出了能够精确表示英文字母表中26个字母的特定信号排列。这种设计允许操作员通过观察指针的位置来解码发送消息，从而实现较远距离的信息传递。

电报设备还配置了一个由电磁装置触发的小铃铛。一旦有新信息传入，它就会响起，以提醒操作员即刻查看和接收新传入的信息。除此之外，他们还设计了一种独特的字母轮，该字母轮通过空槽来可视化显示字母。这个字母轮是由电磁铁和一套精密的传动装置共同控制的，确保与接收到的信号同步旋转。这样能让操作员更容易地解码并阅读传递过来的信息。

（二）五针电报系统组合

1837年，库克和惠特斯通在三针电报系统的基础上设计了五针电报，

---

① Baal-Schem J. History and technology—Mutual impacts: EUROCON 2009. IEEE, 2009[C]. New York:IEEE Press, 2009.58.

② Bowers B. In a parental position to our telegraph system: Charles Wheatstone:In History of Telecommunications Conference, 2008. HISTELCON 2008. IEEE, 2008[C]. New York:IEEE Press，2008.180.

③ 这两本书分别在1832年和1852年由英国Baldwin and Cradock出版社出版。

这是电子电报技术向现实应用迈出的重要一步，实现了从实验室到社会化应用的转变。

在实际应用的五针电报系统中，字母表盘上的 20 个字母被有规律地排列成菱形，五根指针从左到右依次被标记为 1～5 的序号。操作员通过操作手柄，将两根指针同时反向偏转并直接指向根据特定编码规则排列的字母表盘，从而实现传递正确字母信息的意图（图 1-7 和图 1-8）。

例如，如果要发送"we"，电报操作员需要按照 2 左和 5 右的组合操作手柄，使表盘指针指向字母"w"，然后发送"w"的信息。接收端的操作员需一直保持对设备的关注，一旦发现两根针指偏移向字母"w"，就要立刻记录下来。接着按照同样的方式传递字母"e"。

出于简化的目的，五针电报系统的字母表盘中省略了 C、J、Q、U、X 和 Z 这六个字母，这与斯坦海尔的编码有所不同。在这种情况下，两个符号，5 个为一组，会产生 32 种组合，即能表达 32 个信号。①

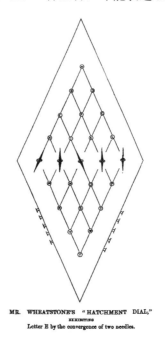

图 1-7　1837 年库克 - 惠特斯通五针电报系统的编码方式②

---

①　实际只有 31 个信号，因为指针全部静止的状态不表达信息。如果使用数字对字母进行编码，仍为 5 个位数，排在字母第一位的 A，其指定的编码可以表示为 1，0，0，0，0，这个编码指示的状态是，第一根指针发生偏转，但同一时间其他四根针是静止的。

②　Cooke W. F. The Electric Telegraph:Was It Invented by Professor Wheatstone? [M]. Longdon: W. H. Smith and Son, 1857.188.

第一章　19世纪上半叶的编码与统一

图 1-8　1844 年库克–惠特斯通电报系统的双针（上）和五针（下）模型①

五针电报在问世并投入使用后，于 1837 年首次在尤斯顿（Euston）到卡姆登（Camden）铁路线的 2 千米区段进行信号传递实验。该套系统能够无须编码字典而发送表盘上的字母信息，同时再接收到相同的字母信息。在熟练的操作下，传递一个信号的整个过程仅需两秒钟。与扳臂系统相比，五针电报系统的效率显然是一种跃升。

（三）双针电报系统组合

尽管五针电报系统迅速进入实用领域，但由于线路成本较高，且接收后的单字母信息需要重新组合才能阅读，因此其使用效果并不尽如人意。

鉴于铁路信号系统的指令类型相对固定，为了简化操作，库克和惠特斯通决定将五针改为双针电报（Two Needles Telegraph）。设备的操作方式是通过有选择地在两条导线上加电，从而使对应的两根指针发生指向数字的偏转（图 1–9）。配以编码字典，数字及其组合均指配字母、单词和短语，与五针电报编码相比，双针电报系统的代码包含 23 个字母，省略了 J、Q 和 Z。双针电报编码在后期的应用中建立了大量词和句子，实现了丰富的语义表达。

---

①　Cooke W. F. The Electric Telegraph:Was It Invented by Professor Wheatstone? [M]. Longdon: W.H. Smith and Son, 1857. 187.

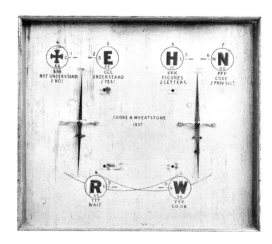

图 1-9　1844 年大西部铁路公司在斯劳火车站使用的双针电报系统[①]

双针电报设计完成之后，1838 年 5 月，大西部铁路公司（The Great Western Railway Company）开始使用该系统。这表明电报研究已经发展至实用阶段，足以吸引资本购买其产品。经过反复的商议和谈判，大西部铁路公司在帕丁顿（Paddington）至斯劳（Slough）的铁路边上，架设了一条长约 30 千米的电报线路。[②]

依托这条铁路所运送的货物相关信息成为双针电报系统编制的第一批编码。选择首先与铁路公司合作，是因为当时库克和惠特斯通面临两个棘手的问题：火车在爬升坡度较大的路段时，需要由坡顶上的固定机组设备牵引。通常的做法是连接一条绳索到火车头。而这种连接的长度往往是一到两英里（1.6～3.2 千米）。这么远的距离，事先让牵引机组的操作者知道火车已经准备好爬坡是非常重要的信息，需要快速传递。第二个问题，当时的火车轨道都是单线的，如果同一轨道两头火车相向运行，这就需要将每列火车的位置信息准确报送以便车站调度。电报信息的编码传输方式恰好满足了这种需求，可以防止许多事故的发生，也能大大提高铁路的管理效率。

1844 年以后，库克-惠特斯通双针电报系统开始在火车调度之外的社会领域发挥作用，例如火车站会发布行李认领通知等，此外，民用商业信息也常通过电报传递，例如：

---

① 库克-惠特斯通双针电报 [EB/OL]. 伦敦：英国科学博物馆，The Board of Trustees of the Science Museum [2017–11–10]. http://collection.sciencemuseum.org.uk/objects/co32902/cooke-and-wheatstones-double-needle-telegraph-1844-telegraph.

② Baal-Schem J. History and Technology—Mutual impacts: EUROCON 2009. IEEE, 2009[C]. New York: IEEE Press, 2009.71.

请派人到曼彻斯特广场杜克街的哈里斯先生处,让他搭载 5:30 的火车送 6 磅银鱼和 4 磅香肠至温莎镇的芬奇先生处。货物务必搭载 5:30 的火车送到,否则就不必送了。①

尽管双针电报系统的收发装置在细节上与之前的实验设计有所不同,但其原理上并无差别,因此可以被视为对之前电子电报探索的总结。虽然这些依赖于磁针指示的系统也需要人工操作,但在购买和铺设线缆方面的成本要比建设扳臂系统以及雇佣和培训专业设备操作人员所需的费用低得多。上述这条普通信息当时的费用是 1 先令,中产阶层可以承受。

继双针电报之后,惠特斯通还设计了一种单针电报。但由于编码能力的局限性,它的应用仅限于某些特定领域。其编码方式(图1-10)显然更为精简,被后来的法德电报编码所继承。

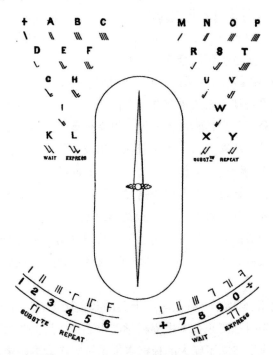

图 1-10　库克－惠特斯通电报系统的单针模型②

---

①　Baal-Schem J. History and technology—Mutual impacts: EUROCON 2009. IEEE, 2009[C]. New York:IEEE Press, 2009.102.

②　Cooke W. F. The Electric Telegraph: Was It Invented by Professor Wheatstone? [M]. Longdon: W. H. Smith and Son, 1857.190.

（四）法德地区单针电报系统的发展

在英国库克-惠特斯通电报系统进入实际应用后的十几年里，随着电报技术的不断研究和发展，欧洲的主要地区接纳了这些研究成果，并根据自身独特的语言和文字需求，设计出了定制化的电报系统。同时，各国还发展出了符合本土使用习惯的编码体系。到了19世纪中叶，随着主要资本主义国家的电报网络相互扩张至各自的边界地带，不同地区采用各自电报系统的现象引发了技术层面的竞争。在德国统一的过程中，莫尔斯码得到了改进，并逐渐被广泛采纳和运用。

法国政府于1842年11月开始新式电报系统的试验，由电气专家路易斯·布雷盖（Louis Bréguet，1804—1883）和扳臂电报系统运营的负责人阿尔方斯·福伊（Alphonse Foy）在巴黎和凡尔赛镇之间试验了双针电报系统。1845年5月该设备正式在巴黎至里尔铁路段使用，不久双针模式由布雷盖改为单针模式。然而，这项新技术主要用于满足国家政治需求，因而新设计被要求继续延用查普编码方案。

1848年法国爆发二月革命，技术的推进被暂时搁置，但掌握政治话语权的各方对设备使用权的争夺并没有停止。由于新系统对过去扳臂电报系统所承担的公务信息传输任务不仅可以完全承载，而且在传输完成后还有大量空余时间，新兴势力[1]为了获得话语权，凭借新电报系统的突出优势向最高权力机构国民大会施加压力，迫使其向社会开放电报使用。1851年3月，虽然有人通过政府专用线路发送了第一封私人电报，但架设私人线路仍不被政府允许，此时全国电报线路总长约1 400千米。此后，在扳臂电报系统所形成的强大传统影响之下，法国启动了缓慢的渐进式的电子电报线路更新工程。到1861年，其电子电报线路总长度已经延伸至3 100千米。[2]

法国在电报技术的应用上落后于英国和美国，并非由于缺乏科技人才。实际上，当时法国正处于世界科学的中心。[3]其主要原因在于法国之前已经由国家投资建立了庞大的扳臂电报系统。作为编码传递应用最发达的地区，经过30多年的发展，总长达4 800千米的扳臂电报网络已经在全国范围连接了各方力量，形成了一个强大而坚固的利益共同体，对社会

---

[1] 政治上如法国空想社会主义者克劳德·圣西门（Comte de Saint-Simon，1760.10—1825.5）创立的圣西门派（Saint-Simonianism），商业上如总统路易·拿破仑·波拿巴。空想社会主义1814年后成为一股政治力量，在法国大革命中坚持反对共和体制。

[2] Carey J W. Technology and ideology:The case of the telegraph[J]. Prospects，1983，8:303–325.

[3] 1801—1850年间的重大科学成就，英国有92项，法国则达到144项。

产生着广泛的影响。观念上的惯性和既得利益的束缚，限制了科技界和政策制定者的视野。在决策层和社会层面，面对舍弃旧思维、及时接受新科技的抉择，即便有着像弗朗索瓦·阿拉戈（François Arago，1786—1853）这样的知名物理学家，整个环境对于接纳新技术也并不热衷。由于现有的扳臂电报系统已能满足较快的信息传递需求，而且模仿这一系统无须增加巨额的创新投入，工作人员也无须进行新的技能培训，因此维持现状似乎成了一条简单易行的路径。

1844年普鲁士开始试验电子电报系统，1846年巴伐利亚在慕尼黑和奥地利萨尔茨堡之间建造了一条线路，1847年奥地利也架设了电报线。到1848年，由维尔纳·冯·西门子（Werner von Siemens，1816—1892）负责的西门子－哈尔斯克电报建设公司（The Telegraphen-Bauanstalt von Siemens & Halske, 1847）[①]在柏林和法兰克福（Frankfurt）之间、柏林和科隆（Cologne）之间以及与邻国比利时的边境都已经架设了电缆，并使用与法国同期相似的单针指示电报。

第三节　编码统一及第二次空间连接

莫尔斯电报系统与库克－惠特斯通电报系统几乎同时期进入专利阶段。

电报系统的设计由实验阶段转向专利申请，编码因其与系统的不可分割成为申报文书的重要组成部分而获得专利保护，在电报系统商业化进程中发挥了不可取代的作用。莫尔斯码成为当时商业领域使用最广泛、影响力最大的电报语言。商业和公共服务领域的持续发展，不仅促进了电报编码的广泛采纳和使用，而且成为推动多种电报编码技术融合和统一的关键因素。

在19世纪40年代，随着英国铁路网络的迅速扩展，针式电报系统和相关的方向性指示信号得到推广应用。同一时期，美国发明家塞缪尔·莫尔斯（Samuel F. B. Morse，1791—1872）创立了一套特殊的键控系统，以及配套的点划编码方法。这条技术路线与指针式电报系统有着显著不同，在商业因素的推动下进入了高速发展和普及阶段。

[①] 其弟查尔斯（Charles William Siemens）和卡尔（Carl Heinrich von Siemens）分别于1850年在伦敦、1855年在圣彼得堡设立分公司出售电报设备。其中查尔斯后来成为英国最大电报电缆生产企业罗伯特·斯特林·纽沃尔公司（R. S. Newall & Co.）的合伙人之一。该公司于19世纪50年代参与了俄罗斯远程电报工程建设。

到了19世纪中叶，莫尔斯码的知名度已经遍及各地，以至于其他类型的电报名字无人问津。1852年，亚历山大·琼斯在讨论莫尔斯电报系统专利权问题时，分析了电报通信信号的传输。琼斯深入比较了斯坦海尔和莫尔斯的技术结构，明确指出莫尔斯码在信号设计上与斯坦海尔技术存在相似性。[①] 伯恩斯（Russell W. Burns，1988）进一步指出，编码技术的历史脉络和转变明显展现了其继承性。这种传承不仅体现在技术层面，更多地是在编码设计中展现了思维的持续性和逻辑。[②] 2008年，有研究者指出，莫尔斯在1838年与惠特斯通的交往，对电报编码和设备设计产生了直接的影响。[③]

对于莫尔斯电报技术的历史成因进行深入分析，为理解技术发展的历史进程提供了一个代表案例。这项研究不只着眼于技术创新相关的知识产权议题，还加深了我们对技术演变的连续性及其关键时刻的洞察。它表明，尽管在技术进步中会遭遇到根本性的创新，但这些新兴技术的实现通常都是建立在先前技术的基础上，并受到它们的启发和推动。

尽管存在争议，莫尔斯码最终迅速成为电报通信行业的统一编码标准。这一过程并非仅仅基于技术优势导致的"自然选择"。除了技术的卓越性能，为了统一各邦并考虑到政治和军事竞争，普鲁士政府强行推广莫尔斯电报系统也起到了很重要的作用。在莫尔斯码从地缘技术竞争中胜出后，编码技术进入了一个长达20年、没有明显变革的稳定阶段。

一、点划式编码及传播优势的形成

如同历史上许多重大发明或发现所经历的曲折过程，这套看似简单的编码，也经历了不断修改和完善。从最初的齿轮状图案和褶纹图案，到最后的点划式信号表达设计方案的确立，[④] 始终体现着先用后改的逻辑和思路。

[①] Jones A. Historical Sketch of the Electric Telegraph:Including Its Rise and Progress in the United States[M]. New York:GP Putnam, 1852.52–53.

[②] Burns R. W. Soemmering, Schilling, Cooke and Wheatstone, and the electric telegraph: History of Electrical Engineering, Papers Presented at the Sixteenth I.E.E. Week-End Meeting, 2002[C].

[③] Bowers B. In a parental position to our telegraph system: Charles Wheatstone, History of Telecommunications Conference:2008 IEEE History of Telecommunications Conference, 2008[C]. New York: IEEE Press, 2008:2–5.

[④] Turnbull L. The Electro Magnetic Telegraph:With An Historical Account of Its Rise, Progress, and Present Condition[M]. Philadelphia: A. Hart, 1853.67.

（一）莫尔斯点划式编码的形成

莫尔斯曾访问巴黎，实地考察了当时法国仍在使用的扳臂电报系统，该系统的设计特征和信息传播速度给他留下深刻印象。同时他意识到扳臂电报系统作为工程类的系统所需要的建设成本，是个人资本或中小规模资本无法承担的。对于新式电报系统的思考者来说，扳臂电报系统的编码信号表达方式是非常具有启发性的，重新构思一种简单的信号系统，用编码来实现信息瞬间传递是值得尝试的方向。因此，莫尔斯在实验中从一开始就没有模仿扳臂系统，而是逐渐通过改进钟摆、铅笔、纸带、锯齿条等设备，设计出小型化但相对更高效的信号传输装置，并在后期将重点放在了信号设计上。

在1832年的初步设计中，莫尔斯并未考虑利用电磁的通电和断电作为表示信号的元素，而是试图利用通断产生的机械运动，驱动铅笔绘制运动图案以表达信息。这种构思分两步：起初是用符号图案[①]先对0~9这10个数字进行初次编码。在这一步骤中，莫尔斯首先尝试了锯齿状图案。他设计了每个数字信息与锯齿图案的对应关联，接着将这些图案雕刻成木条上的凹槽。当木条在发送端受到机械推动时，便会产生位移。在电报的接收端，特制的机械设备会引发缓慢的同步运动，使得铅笔能够依样画葫芦地描绘出发送端木条上的锯齿形状。如此一来，每次通电都会在纸带上留下一个锯齿形图案，从而实现信息在纸面上的呈现。

其编码方式如下：

1——∨；

2——∨∨（两个连续锯齿状图案）；

……

10——10个锯齿状图案（可被简化成两个连续宽幅锯齿）。

这些锯齿状图案通过数字及其组合编纂成索引字典，就可以实现与字母的对应。

1835年，莫尔斯与合伙人艾尔弗雷德·韦尔（Alfred Vail，1807—1859）经过反复实验，同时配合约瑟夫·亨利（Joseph Henry，1797—1878）发明的电磁继电器以及其他研究者的重要改进，设计出了可以单手操控的电键（Morse Key）：通过电键的敲击实现电路的中止或接通控制，利用电脉冲使磁铁带磁和去磁，吸引金属片与金属接触点连接。这样得到

[①] 在莫尔斯于1840年申请的专利当中，用来对数字进行编码的符号有四种，之后由于有了电键，进入实际应用的只有"点"和"划"两类。

的信号稳定且持续，并易于长时间操作。据此生成了以"点""划"为核心的信号编码框架。

这套精心构思的编码体系包括以下 9 项编码要素：

① 短标记或点（-，·）；

② 长标记或划（—，尚未规定划的具体长度）；

③ 长划（—，字母 L 的专用编码）；

④ 特长划（——，数字 0 的专用编码）；

⑤ 单组编码内部间隔（如：数字"2"对应的两个点之间的停顿，是所有间隔的基本时长）；

⑥ 单组编码内部长间隔（在字母 C、O、R、Y、Z 和符号 & 的编码中使用，属于信息包含项，不单独表示停顿）；

⑦ 字符间隔（短间隔）；

⑧ 字或词间隔（中间隔）；

⑨ 句间隔（长间隔）。

这种信号的设计使得电报系统的接收端得以彻底改观，去掉了包括锯齿木条在内的许多部件，由电路开合来带动笔在匀速前进的纸带上划出点和划，而不是相对复杂的线条图案。每一组点和短划的组合可以代表 0～9 的数字。数字组合可以通过使用预先定义的字典索引来找到对应的字母。因此从这个角度来讲，上面只含 9 个元素的点划编码是一种带有新特征的方案。

1837 年 6 月，莫尔斯申请了包含编码的系统专利，并于 9 月 4 日与韦尔在纽约大学展示了其实用性。[1] 1838 年 1 月，莫尔斯团队在新泽西州莫里斯镇建立了一条长约 2 英里（约 3.2 千米）的演示线路，这次演示正如许多新技术的初步展示一样非常成功，并迅速证明了其潜在的效用。对电报线路的成功操作引起了人们的极大兴趣和积极回应，这不仅证实了莫尔斯的设想是可行的，而且为他的团队提供了巨大的信心和动力。因为除了普通看热闹的人群，当地钢铁行业的企业家、政府指派的国会观察员，以及来自费城的富兰克林学院的学者们也目睹了线缆传递的信息如何被准确地编码和解码。同年 2 月，这套设备的实证效果获得了专门来参观的总统[2] 及随行团队的认可。

这是电报编码传递对社会产生影响的重要事件，标志着电报语言以新

---

[1] 王鸿贵，关锦铿主编. 技术史 [M]. 长沙：中南工业大学出版社，1988. 61.

[2] 第 13 届（1837.3—1841.3）美国总统马丁·范布伦（Martin Van Buren，1782. 12—1862.7）。

的形式开始进入实际应用领域。在此之前,编码传递的使用主要限于特定的专业人士,普通大众难以理解,其原因在于缺乏清晰的语义分隔和明确的语境界定,导致解读上的失误屡见不鲜。

5年之后,1843年,这项技术获得国会30 000美元的支持。随后,一条长度为64千米,从巴尔的摩(Baltimore)布拉特火车站(Pratt Railroad Depot)延伸至华盛顿国会大厦(Capitol Building)的试验线路被搭建起来。1844年5月24日,从上午11:30至下午2:00,莫尔斯和他的助手利用一条裹着沥青和蜂蜡混合物的电缆,成功地多次发送和接收了从布拉特火车站到华盛顿国会大厦之间的电报信息。

在这5年持续的实验过程中,莫尔斯及其团队发现,按键本身就能够决定信号的持续时间。因此,可以省略过去为了确定字母位置而专门设置的0~9的中间数字组合编码步骤。这一改进使得编码过程得以简化,将原本需要两次的编码次数减少到了一次,新设计中只通过电键的"通"和"断"来形成信号。

最终确定的编码元素只有以下3个(图1-11):

① 短触(点,一个单位时长,接触信号);
② 长触(划,3个单位时长,接触信号);
③ 停顿(断路造成两次接触之间的间隔,一个单位时长,非接触信号,不承担字母的表达,但是参与组合表达)。

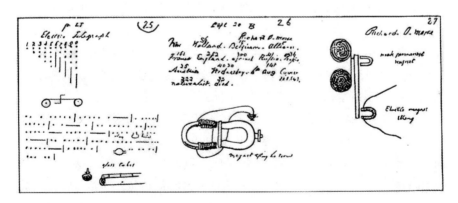

图1-11　1844年莫尔斯专利书中的编码①

例如,对于单词tea的表达,除了字母t、e和a需要编码,相邻字母之间也需要编码,以示区分:

---

① Samuel Finley Breese Morse. Sammule Morse: Letters and Papers, Vol. 2, [M]. Cambridge University Press, 2014. 5.

t：-（短划）

（长停顿，用于字母间的区分，当时无确定时长）

e：·（一个点）

（长停顿）

a：·-（两个符号间有短停顿，用于信号间的区分，无确定时长）

在此之前，韦尔等人通过统计发现，利用长短接触和停顿间隔可以进一步扩大表达范围，从而直接表示字母和一些特殊符号，而不再仅限于数字编码。接着，他们对排字器中装有铅字字母的各个托盘进行了逐一称重。因为字母盒较重意味着该盒内字母的数量多、使用频率高。然后对字母按照由高频到低频排列，实施由简到繁的点划式编码，将较简单的编码组合分配给较重的字母盒。越高频率出现的字母会被指定越短的编码，而越少频率出现的字母则会被指定越长的编码。在分析了常用信息文本后，这套思路被证明是有效的。例如，上例中的字母 e 是出现频率最高的，因而被指定只需"一次短键"来表达。

（二）莫尔斯点划式编码的优势

经过细化，莫尔斯码在外形上变得更加精确和统一，与以往的编码相比具有两个明显的优势特征。

1. 二进制特征明显

如果以单位时间为衡量标准：假设"点"占 1 个时间单位，符号之间的"短停顿"占 1 个单位，"短划"占 2 个单位，字母之间的"长停顿"占 3 个单位，则 tea 传输的总时间长度就是 13 个单位，即 2+3+1+1+1+2+3。在标准二进制中，单词 tea 的传送总时间为 15 个单位，[①] 这意味着莫尔斯码和标准二进制的时间长度非常接近。

不过莫尔斯码与标准二进制码之间还是存在明显的区别。在这个例子中，莫尔斯码恰好能够比二进制码体现更短的传输时间。如果换成 joy 一词，虽然也是 3 个字母，但结果会完全不同。莫尔斯码中，这 3 个字母的编码是"·---，---，-·--"，转换成标准时间单位，包括停顿在内其时间总长度是 33 个单位；而如果直接使用二进制编码，joy 的传输时间总长度则只有 15 个单位。因此，总体上二进制编码比莫尔斯码要提高大约 50% 的效率。

---

① 标准二进制中，每个字母都是由 5 个 0 或 1 的标准时长信号组成的唯一编码，每 5 个单位时间为一个表达单元。这种情况下，因为时间长度本身能够标记信号，就不需要另外的"停顿"来专门标记，当一个字母结束，因为时间长度相同，下一个字母就可以自动开始。

这种效率差距引导了后续的研究发展方向。自希林和高斯－韦伯开始的、在编码方式上逐渐表现出带有部分二进制特征的尝试，对莫尔斯码进行了实用层面的探索，并与后来的国际电报联盟一起制定了统一的点划标准，从而为信息编码传播选择了二进制的发展方向。

2. "停顿"被赋予特定传递意义

在接下来的研发中，"停顿/间隔"进一步被发展成"时隙"概念，成为机器运算不可或缺的要素。字母和时隙之间建立了一种关联。习惯性的做法是以相隔一秒为基准，如果电脉冲信号的序列与字母 H 的莫尔斯码相对应，则表示的是字母 H。与此类似，如果信号是在标记时间之后的第 16 秒到达，那么肯定是 P。如果能与某种时间间隔精密设备关联运行，字母顺序及其时间表现就可以形成一个固定结构，从而转换成机械式操作，就能实现字母的直接传送或显示[①]。

而且，带"停顿"信号的"电键"中还包含了信号中继的部件。部件的一端是用一根杠杆来控制电流的通断，另一端是通过电流来操控磁铁。在接下来的优化设计中外形不断精简，让磁铁和杠杆合体并成为中继器的原型。中继器可以克服电流长距离传输时逐渐减弱的问题，让电信号在半路上进行放大后继续向前跑得更远。除了中继传递，电键表达信号的作用也逐渐被强调，不仅能够反转信号，还可以组合来自多个信号源的多路信号，从而成倍地提高线路传送信号的效率。当然这些是最初设计没有意料到的。

"点""划"与"停顿"的组合所表达的信息量，与编码设计理论的极限之间的差异仅为大约 15%，再结合易于操作且功能丰富的键盘式操作系统，这一组合显著提高了信息传输的效率。具备良好手眼协调能力的操作员每分钟可以传输 80～100 个字符。

莫尔斯编码系统能够通过近距离使用听觉辨别间隔、点和划的信号时，显示出广泛的适用性，从 1851 年开始，成为美国各地区统一采用的标准，即今天所说的美式莫尔斯码。一个受过训练的熟练操作员，利用这套标准编码，可以实现每小时发送大约 1 000 个单词的传输速度，这远超过了依赖视觉识别信号的杠杆式电报系统和需要双手操作的指针电报系统。与同期的库克－惠特斯通双针电报系统相比，后者需要通过按钮和曲柄的双手操作来实现指针的编码摆动，美式莫尔斯码更加符合媒介技术竞争中胜出者应具备的特质：满足传播需求的同时，操作更为简便易行。

---

① 这样的机器在 1854 年由大卫·爱德华·休斯（David Edward Hughes 1831.5—1900.1）发明。他设计了一种旋转轮，当接收到电脉冲信号时，根据既定时隙，转轮上相应顺序的字母模就会压印在纸条上，能够被人眼辨别的书写符号就被打印出来了。

二、19世纪50年代初的区域连接

成为美国统一使用的电报编码语言后,莫尔斯码在不同地域和领域中表现出了极大的普适性。

1847年,美国人查尔斯·罗宾逊(Charles Robinson)等抵达汉堡。为了寻找商机,他们通过报纸刊登广告向当地社会各界人士展示了莫尔斯码和电报设备。到1848年,他们已经向汉诺威国家铁路(The Hanoverian State Railroad)、汉堡–库克斯港铁路(The Hamburg-Cuxhaven line)、不来梅–不来梅港铁路(The Bremen-Bremerhaven line)以及普鲁士王国的柏林–科隆铁路(The Kingdom of Prussia for the Berlin-Cologne line)各出售了两台设备。负责汉堡港到库克斯港之间扳臂电报系统的弗里德里希·克莱门斯·基尔克(Friedrich Clemens Gerke,1801—1888)敏锐地察觉到了这种编码的突出优点和发展前景,但也注意到其中存在着改进的空间。为了使这种编码能够更符合本国语言的表达需要①以及在传输速度上更加优化,在汉堡电磁电报公司(The Elektro-Magnetische Telegraph Companie)的支持下,同时也基于自己丰富的语言工作经验,基尔克对其中大多数的编码方案进行了修改,放弃长划的使用,字母、数字和符号只用"·"和"—"来表示,统一所有间隔的时长为一个"·",确定"—"是"·"的3倍时长。这样,原莫尔斯码经过修改只留下6项:

① 点(·);
② 划(—);
③ 单组编码内部间隔;
④ 字符间隔;
⑤ 字或词间隔;
⑥ 句间隔。

优化后的编码被称为汉堡字母(Hamburger alphabet),首先在汉堡到库克斯港的铁路信号中采用。

与此同时,面对英国和法国强大的国力所带来的压力,德国的统一正在排上日程。考虑到英国和法国已经使用了双针和单针电报系统,同时也为了验证其技术的优劣性,1850年普鲁士电报管理局安排了一场西门子单针电报和莫尔斯电报系统的对比测试:在柏林—法兰克福线路上同时传送弗里德里希·威廉四世国王(King Friedrich Wilhelm IV)的完整演讲。

---

① 当时,德语的字母表含26个基本字母,与英语一致,但使用中,德语还包含了一些变音字母和特殊字符,因而与英语有区别。

莫尔斯电报用了 75 分钟，而西门子电报却用了 7 小时，①从时间效率上看，孰优孰劣一目了然。但之后的普鲁士并没有直接使用莫尔斯电报系统，而是对其进行了一系列的机械改造，包括在机械系统中加入一根钢针，用其在移动的纸带上刻写出点画线。改进后的系统（包括基尔克的编码）成为普鲁士的标准电报系统。

在 19 世纪 50 年代初，德国虽然还未统一，但大部分城邦都已经能够通过电报发送信息。仅普鲁士境内以柏林为中心延伸出去的电报线路就接近 3 000 千米，奥地利也有接近 1 800 千米左右的线路，连萨克森和巴伐利亚也架设有电报线路。而同时期英国已经超过 5 000 千米，美国由于实行私有化政策，发展速度最快，规模也最大，达到 20 000 千米。②

不断扩大的使用范围和高频率的信息交换，让那些经济上和政治上有着明显亲和意向的区域很容易产生电报线路连接的需求。这导致设备能够通联和信息通传的呼声日益提高。各方意识到，朝着一体化的方向发展能让电报网络发挥最大的传播效益。加之 19 世纪中期德意志民族主义兴起，于是在普鲁士的主导下，首个电报互认条约在 1849 年 10 月和奥地利签署成功。在奥地利的奥德堡（Oderberg）电报站，德奥双方交换了沿铁路电报线传来的信息。这是历史上首个电报领域的政府间合作。这两个地区当时在政治架构上保持各自独立，但由于共同采用德语进行电报通信，因此能够实现信息的互相传递。

与奥地利之间的跨地区信息便捷传递起到了很好的示范效应，于是紧接着便有了柏林和萨克森（Saxony）的条约，1850 年又实现了柏林和巴伐利亚之间进行电报合作和连接。为了更多、更便捷地获得彼此之间的信息，这四个地区经过协商，于 1850 年 7 月 25 日在萨克森的首府德累斯顿（Dresden）成立了奥德电报联盟（Austro-German Telegraph Union，AGTU），并制定了统一的通信技术规范和信息收费标准。联盟成员使用由普鲁士政府指定的企业勒沃特（Lewert）电信公司专门生产的改进版莫尔斯电报系统（特别是编码部分）。该公司从 1851 年开始向奥德电报联盟提供产品，前后总共为联盟供给了 5 000 多台。③

奥德电报联盟在成立之后的一年内，其他城邦以及附近地区政府随后陆续加入，因为信息互通有无的好处是显而易见的。随后，奥德电报联盟

---

① 作为表彰，同年 12 月莫尔斯收到了威廉四世赠送的一个金质烟盒。

② Carré P. A. From the telegraph to the telex: a history of technology, early networks and issues in France in the 19th and 20th centuries[J]. *Flux*, 1993, 9(11): 17–31.

③ Beauchamp K. Institution Of Electrical-History of Telegraphy. [M]. London: Institution of Engineering and Technology, 2001.95–96.

的影响力很快又扩展到了与之相邻的法德之间大片地区。法国、比利时、瑞士，西班牙和撒丁岛都已经熟知基尔克的编码方式。这就是为什么西欧电报联盟中的成员国与奥德电报联盟存在很大部分重叠。

这成为世界上首次通过编码手段实现了跨国家、民族、政权以及社会间的信息传递，其连接的广度和多样性远超过早期的扳臂编码所能实现的空间连接。这也成为海底电缆在更广阔范围内实现互联的关键软条件之一。在英吉利海峡海底电缆铺设的过程中，遇到的最大科学挑战是，确保经过标准化的莫尔斯码能在长距离水下电缆的另一端清楚地传递电报信号。在这个问题得到解决之后，跨越陆地和海底通信工程的主要挑战便集中在了机械技术领域。

三、海底电缆建构的广域连接

当时，英国在电报工业中实力最为突出。1851年，伦敦举办了世界工业品博览会，共有13种不同的电报仪器设备参加展出。① 在工业制造中，海底电缆制造尤为重要，其铺设成本高昂，技术要求也非常高。从19世纪50年代开始，英国就一直掌握着最先进的海底电缆制造技术。欧洲其他国家想铺设海底电缆，通常只能委托英国公司来完成。1858年，法国开始在南部架设连接非洲殖民地阿尔及尔的电报线路，但需要跨越地中海海底。在英国公司拖拖拉拉的帮助下，这一项目直到1870年才得以成功。到19世纪末，超过80%的海底电缆由英国制造，而在海洋上活跃的30艘大型电缆敷设船中，有24艘属于英国。

受工业优势和"日不落"国际地位的影响，英国的技术和资本开始寻求更远距离的扩展，因此，英吉利海峡和大西洋海底电缆的铺设成为英国电报工业向外扩张的重要表现。尽管英国在工业上具有明显优势，但在1851年的英吉利海峡海底电缆试验通信和1858年的大西洋海底电缆通信中，都采用了奥德电报联盟重新修订的莫尔斯码。②

（一）英吉利海峡海底电缆铺设

在19世纪40年代，惠特斯通和他的同事曾使用带有一定绝缘功能的

---

① [英]查尔斯·辛格. 技术史. 第V卷, 19世纪下半叶（约1850年至约1900年）[M]. 远德玉，丁云龙主译. 上海：上海科技教育出版社，2004. 152.

② 库克–惠特斯通电报系统的"左""右"以及"空格"编码方式除了西班牙使用过一段时间之外，其他国家始终都没有直接采用。莫尔斯标准编码被广泛使用后，其使用范围不断萎缩，但在英国铁路系统中仍被沿用，直到进入20世纪初电报由无线电主导后才全面停止服务。

电线，将信息从一条船上通过电线和可视编码信号发送给远处的灯塔，这是跨越水面障碍进行电报信息传递的最初尝试之一。他们后来也提出了横跨英吉利海峡进行电报通信的想法。这种寻找电报技术应用突破的尝试，体现了科学研究的前瞻性。但由于陆地通信还存在许多关键问题待解，这种超前性的探索只能停留在科学家个人的研究领域，尚无法进入工程应用阶段。

1845年，雅各布·布雷特（Jacob Brett）和约翰·布雷特（John Brett）兄弟极力游说英国政府，阐述了与欧洲大陆建立电报联系对政府的积极意义。通过多方筹措，成立了通用海洋及地下电信印刷电报公司（The General Oceanic and Subterranean Electric Printing Telegraph Company），并通过这家公司募集技术和资金，以实现在英吉利海峡铺设海底电缆，建立与法国最短连接之目的。1850年，西门子公司已经发明软性绝缘物，[①] 作为涂裹材料能够制造出具有实用性能的绝缘线缆。在这项技术的帮助下，布雷特兄弟首次尝试性地在英吉利海峡海底铺设电缆。

工程从1850年8月开始。巨大的资金消耗和恶劣的工作环境为铺设海底电缆带来巨大困难。最初的关键问题在于如何才能让电缆的释放设备保持足够的可伸缩性：要怎样操作才能保证船在运行时所产生的额外应力不会导致电缆断裂？这属于机械操作经验方面的问题。1851年1月，电缆终于初步架设成功。但当时技术条件下的线缆不耐使用，经常性地断裂，信息传递中断是常见现象。中断带来的损失是很大的，为了尽快减少损失，之后的补救工作陆续展开。虽然代价巨大，不过在寻找原因的过程中获得的经验也异常宝贵。经过不懈努力，1852年伦敦和巴黎之间，终于可以通过使用奥德电报联盟制定的莫尔斯码发送简单信息。[②]

为何只能发送简单信息呢？这是因为在编码传递过程中，如果发射端使用自动电报机，接收端会无法分清信号的界限，从而产生混淆：收到的是一个还是两个信号？是点还是划？长划还是短划？这是因为信号的生成速度超过了传送速度，造成先发送的脉冲信号被后发送的追上并覆盖，导致多重脉冲重叠，变形和重叠造成信号特征难以辨别。最初的做法是等待一个平顺的宽波信号出现，以确定每个信号是否已完全传递，并确保两次发送动作之间的间隔时间足够。此时只能使用发射速度较慢的手动单针电报机来完成简单信息的传递。这导致信号在海底电缆中的传递速度不可避

[①] 该软性绝缘物当时名称叫古塔胶（gutta-percha），但属于现代古塔胶的前身。

[②] Coe L. The Telegraph: A History of Morse's Invention and Its Predecessors in the United States[M]. Jefferson: McFarland, 2003.9.

免地降低。然而，如果信号传递速度低于每分钟 6 个单词，其经济适用性将大大降低，这无法满足资本的需求。

另一个严重的问题出现在信号传输上。在电缆铺设过程中，工程师们发现从英国多佛港（Dover）到法国加来港（Calais）的 41 千米电缆中，发送端和接收端的电流强度不一致。发送端的电流能瞬间达到最高值，而接收端的电流显示出弱且缓慢的特征，最终以平顺的宽波方式结束，这几乎无法表达信号。并且，这种情况会随着线路增长而加剧。这个问题成了关注的重点。

为了让海底电缆像陆地电缆那样正常运作，需要解决的问题是为何会出现上述这种情况。只有准确定位和清晰描述问题，才可能在工程上得以解决。这项工作比解决机械操作的困难花费了更多时间。最终得出的结论解决了长距离电缆传送信号所带来的电气方面的实质性问题。

当时，欧姆定律已经广为人知，研究者明白电流的大小等于电压与电阻的比值。因此，人们普遍认为无论电缆的长度如何，通过电缆每一点的电流都应该相同。对于电缆两端出现电流大小不同的情况，人们感到困惑不解。西门子在对电容器进行一系列实验后，提出了解释电缆中电流变化现象的理论。他将电缆连接的设备和导体视为一系列电容器，当电流从发送端传输时，一部分电流会被这些电容器吸收，导致电流不能全部到达电缆的接收端。这个理论有效地解释了从发送端到接收端电流变化的机理。①

威廉·汤姆森（William Thomson）和开尔文勋爵（Lord Kelvin）进一步深入研究这个问题，并给出了数学描述。他们假设电报线路系统中的每个组件，无论大小，都具有电容和电阻的性能，然后发现在这种环境下，信号的延迟时间（即下一个信号在发送之前必须等待的时间）与电阻和电容的乘积成正比。于是他们利用偏微分方程建立了电压和电流之间的相应数学关系，并应用于长途电缆问题的解释：对于相同直径尺寸的电缆，延迟与长度成正比。如果既定长度的电缆出现了 1/10 秒的延迟，那么加长两倍的电缆将出现 1/5 秒的延迟。同样道理，10 倍长度的电缆将出现 1 秒的延迟。

怀特豪斯（E.O.Whitehouse）负责实验证明所必须的庞大数据收集工作。从 1855 年开始，他致力于大西洋海底电缆项目的电气工程难题。利用这一良机，他将英国与欧洲的数条电缆连接起来，进行实验测量，获得了电脉冲展宽的实际数据。这些数据成为制造合适电缆的重要依据，包括决定

---

① 简单解释就是，因为电缆的绝缘性能在深海中被大幅减弱，周围的海水与导线之间形成一个巨大电容效应，从而影响了电缆内部电波的频率，导致发射端断续式脉冲节奏被改变甚至消失，因为对电容器充满电需要一定时间。

电缆直径、绝缘体的厚度等关键参数。

问题一旦被明确阐述，相应的解决方案便应运而生：提升电缆的绝缘能力，增加电压和电流强度，加固电缆的结构，并确保信号以适当的速度生成及传递。随着技术的持续优化，电报信号的传输距离更远，清晰度也得以增强。自 1853 年起，通过英吉利海峡，从多佛港至加来港的电报线路所传送的莫尔斯码信号已经非常清晰。

英国与法国首次通过海底电缆成功通信时，维多利亚女王和拿破仑三世通过加密的电报交换了问候。这一事件在两国因多项国际议题持不同立场之际发生，展现了电缆通信的示范效应，引发了社会对于电报交流可能带来更广泛利益的认同。英吉利海峡电缆的成功铺设，为欧洲大陆及其邻近地区的电报信息传输和互换，奠定了关键的基础设施。

英吉利海峡的问题解决后，更大规模的水下电缆网在欧洲的北海海底逐渐编织起来（图 1–12）。

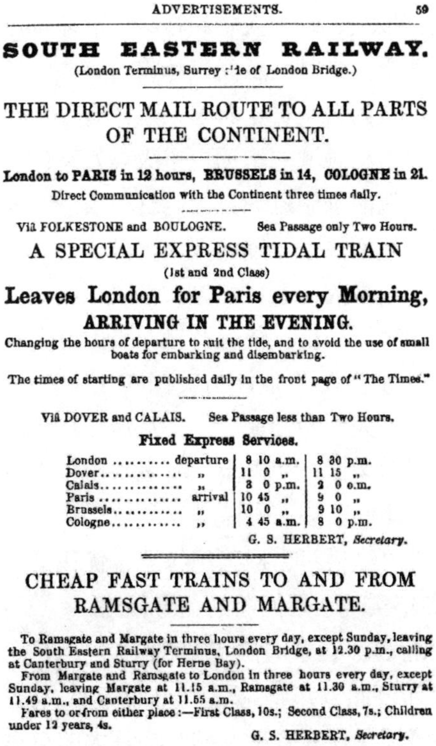

ADVERTISEMENTS. 59

SOUTH EASTERN RAILWAY.

(London Terminus, Surrey Side of London Bridge.)

THE DIRECT MAIL ROUTE TO ALL PARTS OF THE CONTINENT.

London to PARIS in 12 hours, BRUSSELS in 14, COLOGNE in 21.

Direct Communication with the Continent three times daily.

Viâ FOLKESTONE and BOULOGNE. Sea Passage only Two Hours.

A SPECIAL EXPRESS TIDAL TRAIN

(1st and 2nd Class)

Leaves London for Paris every Morning,

ARRIVING IN THE EVENING.

Changing the hours of departure to suit the tide, and to avoid the use of small boats for embarking and disembarking.

The times of starting are published daily in the front page of "The Times."

Viâ DOVER and CALAIS. Sea Passage less than Two Hours.

Fixed Express Services.

London	departure	8 10 a.m.	8 30 p.m.
Dover..............	,,	11 0 ,,	11 15 ,,
Calais...............	,,	3 0 p.m.	2 0 a.m.
Paris	arrival	10 45 ,,	9 0 ,,
Brussels............	,,	10 0 ,,	9 10 ,,
Cologne............	,,	4 45 a.m.	8 0 p.m.

G. S. HERBERT, *Secretary.*

CHEAP FAST TRAINS TO AND FROM RAMSGATE AND MARGATE.

To Ramsgate and Margate in three hours every day, except Sunday, leaving the South Eastern Railway Terminus, London Bridge, at 12.30 p.m., calling at Canterbury and Sturry (for Herne Bay).

From Margate and Ramsgate to London in three hours every day, except Sunday, leaving Margate at 11.15 a.m., Ramsgate at 11.30 a.m., Sturry at 11.49 a.m., and Canterbury at 11.55 a.m.

Fares to or from either place:—First Class, 10s.; Second Class, 7s.; Children under 12 years, 4s.

G. S. HERBERT, *Secretary.*

图 1–12　1852 年英国东南铁路公司电报广告显示的伦敦与欧洲城市的连接[①]

① Charles Maybury Archer. Guide to the Electric Telegraph[M]. Longdon: W. H. Smith & Son, 1852.59.

1852年，威尔士、苏格兰与爱尔兰实现海底电缆连接，伦敦的电报信息也已经能与德国、荷兰直接互通。1853年，丹麦、比利时与英国实现海底连接。1854年，丹麦和瑞典实现连接。1855年后通过中转，伦敦甚至能与更远的俄罗斯实现通信（图2-2）。

（二）大西洋海底电缆铺设

更宏大的连接计划接踵而至。由于与北美洲发生的巨大贸易量而带来的殖民地管理需求，推动了大西洋海底电缆铺设工程。1857年8月，英国政府将其作为国家级重大项目正式开始铺设。凭借英吉利海底电缆铺设的成功经验，经过一年的时间，终于能够和北美洲建立直接的电报信息沟通。这条连接欧洲和北美的第一条跨大西洋电报电缆，彻底改变了国际通信的方式和速度，大大缩短了跨洲信息交流所需的时间，从而促进了国际贸易和外交。

对于这一跨洲际的海底连接带来的电报通信，从社会到国家层面，均引发了热情的关注。报纸、政治人物和社会活动家都不遗余力地参与到这一事件中发表赞赏评论。当时的新闻媒体将这件事情所蕴含的意义与美洲大陆被发现相媲美，认为自从哥伦布以来，没有任何事件的意义能够比得上电报所促成的人类活动领域的增加更重大。媒体的宣传强化了知识阶层和普通公众对电报系统的推崇意识。因为这不仅意味着科学技术的明显进步，远距离越洋信息传递技术难题的重大突破，还意味着信息洼地与高地之间建立了连接，而电报的信息传播方式可以让两者间的落差缩小甚至消失，欧洲信息到达北美不必仅仅依赖游轮。英国维多利亚女王不失时机地利用了这场技术产生的政治价值，与美国布坎南总统互发电文以表达问候。不过连接效果未如人们的预期。几个月后，这条海底电缆与之前英吉利海底电缆遇到的问题类似，在电阻、海底水压、电缆强度脆弱等因素的影响下，电缆迅速老化并断裂而无法继续维持运营。此后经历了四次大的技术改进，包括改善电缆材料、增强绝缘层、优化信号放大技术等，大西洋海底终于在1866年实现了不间断的信号传递。

在第一次断裂之前，这条海底电缆就已经传递了一些相当重要的信息。例如，1857年印度北方邦勒克瑙（Lucknow）发生军事政变时，英国政府通过这条电缆将增援指令直接发到驻加拿大的英军。相比过去，请求支援信息先从勒克瑙通过电报经加尔各答，然后骑马传递到孟买，再乘船到苏伊士，最后到达亚历山大电报站（离英国最近的电报站），这期间总共要花费40天的时间。稳定运行的大西洋底电缆在英国的国际事务处理中发挥着重要作用。

除此以外，英国在对外殖民扩张中也使用了这套改编后的莫尔斯码。1857年5月，一位名叫奥肖内西（O'Shaughnessy）的英国人为了协助政府与东印度公司联系，招募了一批"年轻绅士"进行了莫尔斯码的收发培训，并选拔了74人到加尔各答、孟买等地，然后与德国西门子电报公司合作，①将莫尔斯电报与印度半岛1 500千米铁路系统的运营调度连接起来。在国际电报联盟成立之前，通过为特定军事用途而设计的缩写和代码，莫尔斯码已经成为英国军队的专用电报语言。

统一的编码标准促使一些业务繁忙且靠近通信线路的组织开始建立直接通信。到1857年，英国、荷兰、德国、奥地利和俄罗斯等国家之间都实现了直接的电报信息传递而不需要中转。19世纪50年代中后期，英国多数城镇已经通过海底电缆与欧洲大陆主要地区实现了电报信息的交换。例如，1857年在英国，发送信息至阿姆斯特丹的费用为8先令4便士，至柏林为17先令6便士，而至罗马则为1英镑9先令6便士。俄罗斯也连接进来了，只不过费用较高，信息到达圣彼得堡要花费1英镑13先令6便士（见图2–2）。

为了维持竞争力，1855年由法国牵头，比利时、瑞士、撒丁王国、西班牙共同参与建立了西欧电报联盟（The Western Europe Telegraph Union，WETU）。这是第二个覆盖较大区域的电报信息互联机构。随后，葡萄牙、荷兰、托斯卡纳大公国（The Grand Duchy of Tuscany）、摩德纳和帕尔马公国（The Duchies of Modena and Parma）、教皇国（The Papal States）②等陆续加入这个组织，一些英国私人公司和海底电缆公司亦参与其中。

19世纪60年代初，英德等地区的电缆总长度约达18 000千米，这促进产生了进一步通联的需求。1865年奥德电报联盟和西欧电报联盟在巴黎召开会议，成立了国际电报联盟（The International Telegraph Union，ITU），负责政府间电报事务在技术和行政方面的管理。会议最重要的事项就是制定了全球电报标准，不仅统一了设备制造的标准，更重要的是统一了信息传递所需要的通信协议。德奥电报联盟曾使用的编码被定为国际标准，并被强制推广使用（即国际莫尔斯码International Morse或欧陆编码Continental Morse。原莫尔斯码限于北美有线电报使用，并称美式莫尔

---

① 西门子负责的公司当时是印度电报网络的主要电报供应商，在普鲁士政府的主导下，主要生产改进后的莫尔斯电报系统，只用于铁路和商业。

② 在756—1870年期间，罗马教皇统治的意大利中部领地。

斯码 American Morse）。

　　国际莫尔斯码使欧洲大陆、英格兰岛、北美陆地之间的信号保持一致，电报编码开始执行统一的形式，形成更大的规模，以产业的形式在更广阔的范围内，对地域与地域之间、城市与城市之间、行业与行业之间、机构与机构之间进行广泛的空间连接。

　　1858年，连接欧洲和北美的第一条跨大西洋海底电报电缆的成功铺设，彻底改变了国际通信，大大缩短了洲际信息交流所需的时间，极大地促进了国际间信息的流通。到了19世纪60年代，法英等国的电报建设进入极盛时期，电报和电缆的强大延伸能力还将当时主要工业国家之外的亚洲、非洲地区也连接起来。电报电缆消除了原先存在的地理隔阂，联系了新旧有无，继而将欧洲主要国家的社会影响也扩展到这些地域。①

　　莫尔斯码的统一应用是通信技术历史上的重要里程碑，其影响远超信息传递本身。从全球通信的视角出发，莫尔斯码传递的信息解构了由地理距离、气候差异和时区差别所造成的阻碍，为不同文化和社会背景之间的信息交换搭建了沟通的桥梁。从社会变迁的角度来看，莫尔斯码不仅开辟了新的传播途径，更重要的是，作为媒介技术，它改变了人们接收和处理信息的方式，进而改变了社会交往的模式和结构。因此，有学者称莫尔斯码是"一种在莱布尼兹视野中可能具备数理逻辑的（各民族）通用语言。"②这既是对莫尔斯码在技术和文化层面影响的认可，也是对其在信息化社会初期阶段的重要作用的揭示。

　　不过，这种统一应用也带来了新的挑战，资本驱动下的通信渠道垄断控制引发了信息流动的不对等，以及由此产生的更广泛且不易察觉的社会影响，如新闻传播方向的转变。

---

①　Shaffner T. P. The Telegraph Manual: A Complete History and Description of the Semaphoric, Electric and Magnetic Telegraphs[M]. New York: Pudney & Russell Publishers, 1859: 607–610.
②　[法] 帕特里斯·费里奇. 现代信息交流史 [M]. 刘大明译. 北京：中国人民大学出版社，2008：23.

第二章　编码信息的公共传播转向

在19世纪中期，随着工业革命的推进，城市化进程加速，导致城市发展不均衡，影响社会经济结构。一些地区因地理、资源或早期工业化而繁荣，其他地区则滞后。这种差距体现在经济、社会结构和文化生活等方面。然而发展的不均衡也促进了商品、资本、人才和信息能够跨区域流动。在繁荣的商业环境中，铁路、蒸汽船和电报让不同社会阶层和区域的信息交流日益频繁。随着技术的持续改进，编码传输能力大幅度提升。这种能力不仅服务于国家的意志和战略，也逐渐应用于工业和商业领域，提升了公共交通的效率，并向公众提供了信息服务。

统一后的编码在商业和贸易信息传递中得到了广泛应用，用以确保信息的准确传递。这种技术的应用改变了国家意志在电报信息中的主导地位，并重塑了扳臂电报系统所建立的秩序。新系统为社会提供了更广泛使用的公共信息通道，解决了早期扳臂编码系统在公共传播上的不足。

在这个阶段，新闻业的商业化发展与电子电报技术的应用实现了相互融合。技术革新与社会变迁这两个重要因素齐头并进，它们的变化并未导致技术与商业环境之间的不协调或冲突，相反，这种融合推动了编码信息朝着公众传播的方向发展。

在媒介技术的历史演变中，不同的媒介在功能上总会显示出一种继承的特性。即使专向传播朝着公共传播转型，媒介的基本特性和核心机制不仅得以保留，还会以新的形式继续发挥影响。

技术的发展和进步常常建立在前代技术的优点和特长之上。社会对更高效率、更大便利性和更好需求满足的持续寻求，构成了媒介技术进步的主要推动力。在传统媒介占主导地位的情境中，这种追求有时会遇到困难和障碍。为克服这些问题，技术创新应运而生。这些创新会借鉴前代媒介优势，使新技术更好地适应并发展于传统媒介环境。新旧媒介的融合往往带来更丰富多样的传播方式。

随着新技术对挑战的有效应对，社会关注逐渐从传统媒介转向新型媒介。新媒介开始逐步替代传统媒介，逐渐成为传播的主导。这种转变可能持续一段时间，但一旦开始，其方向便已确定，成为不可逆转的趋势。这种转变不仅解决了前代技术在信息传递方面的限制,还塑造了新的传播模式。因为技术不仅是维持现有结构或框架的强大手段,也是创造新的秩序或准则的关键途径。这导致在接下来的19世纪期间,编码传递推动的是以实时金融信息为主要特征的新闻和信息传播,并使其成为电报和报纸业务的主要内容之一。

第一节 编码传递与社会信息的广泛融合

在19世纪中期,社会对公共信息的渴求与日俱增,而有效的公共传播成为社会发展的必要条件。在这一时期,编码技术的进步显得尤为重要,因为它不仅仅是信息传递的工具,也是确保信息准确无误传播的关键。从19世纪早期的扳臂信号到后来的莫尔斯电码,每一次技术的进步都是对信息传递清晰度和准确性的追求。这些技术的发展目的是为了将复杂的概念和知识以简化的形式传播,同时确保这些信息在传递过程中的原意不受歪曲。

编码的核心在于使用一套特定的符号和规则,最大限度地减少信息在传递过程中的歧义和误解。这种对精确性的追求促进了一种能够精确描述和传递思想的表达体系的形成,从而为信息提供了必要的背景和上下文。在这种体系下,原本可能只在局部区域内被理解的概念或知识,得以转化为广泛传播和普及的有效工具。

编码系统不仅在信息传播中起到了核心作用,还促进了社会信息传递方式的进步。这种进步不仅加快了信息的传播速度和扩大了传播范围,也为接收信息的人群带来了极大的便利。

特别是在公共传播领域,电报编码的普及标志着它成为信息传递的中心工具。这种快速而准确的传递方式为新闻业和信息传播领域的发展指明了方向。从19世纪中叶开始,那些过去主要依赖文字和语言进行描述的人物、事件和物体的概念或知识,开始通过电报这种新的形式进行传播和共享。这不仅提高了信息流通的效率,也加强了社会各个层面和领域之间的联系。

一、公共领域编码业务的广泛确立

(一)库克-惠特斯通电报的社会应用

1837年,库克和惠特斯通在利物浦-曼彻斯特铁路公司(Liverpool

and Manchester Railway Company）的协助下，设计并架设了用于尤斯顿车站到卡姆登车站铁路线试验的首条五针电报线路，其目的是为避免火车相撞提供有效的调度信息。1839年第一条正式电报线路投入运营。紧接着，1840年沿黑墙铁路（The Blackwall Railway）铺设的第二条线路也投入使用。

从19世纪40年代起，铁路运行已经与电报编码传递的调度指令密不可分，地面上电报线的分布基本就是沿着最重要的公共交通——铁轨，向各个人口聚集的区域延伸（图2–1）。

电报线路的初期扩张之所以选择与铁路运输紧密结合，是因为电报和铁路在信息传输和运输方面有着天然的互补性：

① 信息的传输速度极快，这意味着发送出去的信息能够在火车抵达目的地之前迅速传达。这种显著的速度优势使得铁路部门在进行列车调度、应对突发路线故障或是发送其他关键业务指令时，能够得到实质性的、及时的帮助和反馈。

② 铁路的运营指令是统一的，这消除了为不同的火车或路线提供差别化电报服务的需求，简化了电报系统的使用和管理。

③ 铁路已经存在的基础设施，例如铁轨、信号塔等，为电报线路的建设提供了便利，大大降低了其建设和维护的成本。

在这样的背景下，为铁路提供电报服务的初始企业不仅拥有先进的技术，而且获得了大量的资本投资支持，使得它们在市场上迅速崭露头角，业务范围也得到了迅猛扩张。1846年，由库克领导并创办的电力电报公司（The Electric Telegraph Company，ETC）就正式扩展到了铁路之外的主营业务。这家公司一度作为英国电报事业的领导者和垄断企业，享受着电报市场的巨大利润，但这种情况并没有持续太久。短短3年之后，其技术被其他企业仿制，导致新的电报公司纷纷成立，市场竞争也随之变得更为激烈。

在接下来的10年里，电报呈现出快速增长的状态。电子电报除了不受光线和天气因素的制约，还能够比扳臂电报系统更快地进行编码和译码，单位时间内可以发送和接受的信息数量更大，而且表达的语义更加丰富清晰。19世纪40年代早期，以英国典型针式电报机为代表的设备，每分钟能处理30个单词左右。由于指针摆动产生的"左""右""静止"信号表达方式与莫尔斯码的"点""划""停顿"表达存在异曲同工之处，英国在19世纪40年代末开始将单针电报改用莫尔斯码，[①]每分钟传递的单词

[①] Sterling C. H. Military Communications: From Ancient Times to the 21st Century[M]. California: ABC-CLIO, 2008.304.

能达到 60 个。在经历约 10 年左右的技术演化之后，信息传递的速度和数量均呈现惊人增长。

采用统一编码的电报公司为占领每一个普通城镇展开激烈竞争，将一排排电线杆和一行行电缆从一个屋顶延伸到另一个屋顶，在人群聚集区中穿梭而过，一直消失在远郊。电报产生的媒介效应让其成为社会关注的热点，为本就充满多样性特征的信息化社会的初始阶段增添了更多的喧闹。

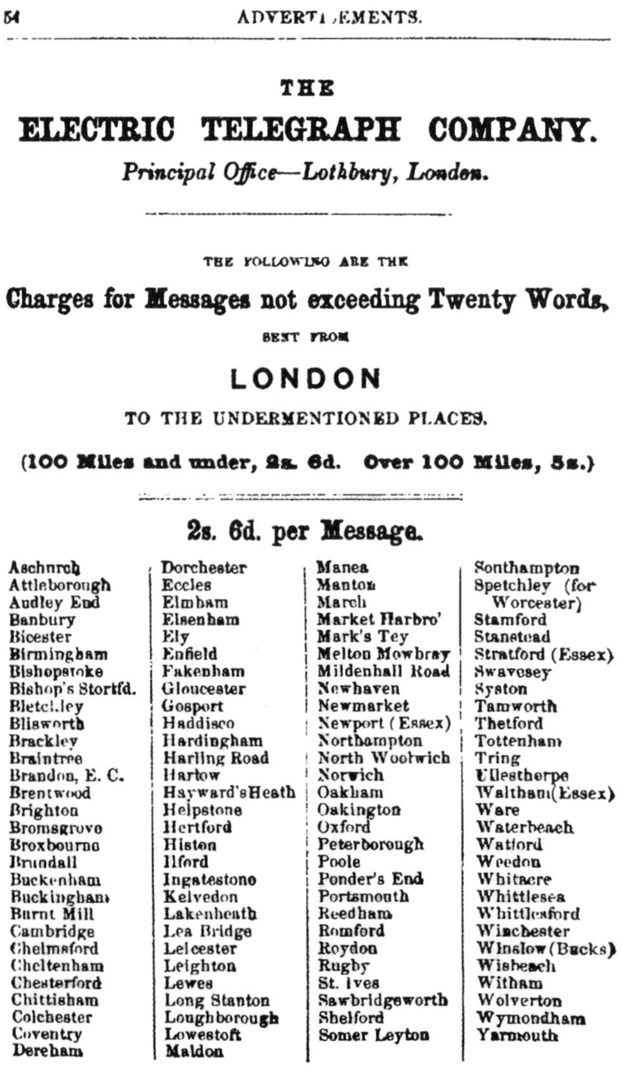

54 ADVERTISEMENTS.

THE

ELECTRIC TELEGRAPH COMPANY.

Principal Office—Lothbury, London.

THE FOLLOWING ARE THE

Charges for Messages not exceeding Twenty Words,

SENT FROM

LONDON

TO THE UNDERMENTIONED PLACES.

(100 Miles and under, 2s. 6d. Over 100 Miles, 5s.)

2s. 6d. per Message.

Aschnrch
Attleborough
Audley End
Banbury
Bicester
Birmingham
Bishopstoke
Bishop's Stortfd.
Bletchley
Blisworth
Brackley
Braintree
Brandon, E. C.
Brentwood
Brighton
Bromsgrove
Broxbourne
Brundall
Buckenham
Buckingham
Burnt Mill
Cambridge
Chelmsford
Cheltenham
Chesterford
Chittisham
Colchester
Coventry
Dereham
Dorchester
Eccles
Elmham
Elsenham
Ely
Enfield
Fakenham
Gloucester
Gosport
Haddisco
Hardingham
Harling Road
Harlow
Hayward'sHeath
Helpstone
Hertford
Histon
Ilford
Ingatestone
Kelvedon
Lakenheath
Lea Bridge
Leicester
Leighton
Lewes
Long Stanton
Loughborough
Lowestoft
Maldon
Manea
Manton
March
Market Harbro'
Mark's Tey
Melton Mowbray
Mildenhall Road
Newhaven
Newmarket
Newport (Essex)
Northampton
North Woolwich
Norwich
Oakham
Oakington
Oxford
Peterborough
Poole
Ponder's End
Portsmouth
Reedham
Romford
Roydon
Rugby
St. Ives
Sawbridgeworth
Shelford
Somer Leyton
Sonthampton
Spetchley (for Worcester)
Stamford
Stanstead
Stratford (Essex)
Swavesey
Syston
Tamworth
Thetford
Tottenham
Tring
Ullesthorpe
Waltham(Essex)
Ware
Waterbeach
Watford
Weedon
Whitacre
Whittlesea
Whittlesford
Winchester
Winslow (Bucks)
Wisbeach
Witham
Wolverton
Wymondham
Yarmouth

图 2–1　1852 年英国电力电报公司（ETC）广告中的电报分布站点及价格①

① Charles Maybury Archer. Guide to the Electric Telegraph[M]. Longdon: W. H. Smith & Son, 1852. 54.

随着应用的迅速推进和数量的不断增加，电报的应用不再局限于铁路系统传递指令，而是开始寻求更广泛的社会信息传播覆盖。1857年，两家较小公司合并成立英国与爱尔兰磁性电报公司（The British & Irish Magnetic Telegraph Company），除了业务的扩张，公司在命名上由"Electric"改为"Magnetic"，目的是借助"电磁"来获得新技术在公共媒介中的新闻传播效应。1860年开始运营的联合王国电报公司（The United Kingdom Telegraph Company，UKTC）将依附铁路的线路扩展到了公路边上。公路具备比铁路更加深入城镇人群生活的优势，因而电报信息的传递能够实现两个相邻城市间的更紧密连接。

然而，对于长距离的电报传输，需要通过中继站进行转发。在早期的电报传输中，从伯明翰到布里斯托尔的信息通常需要经过伦敦进行解码和再编码，这个过程大约需要5个小时才能到达目的地。为了解决伦敦地区信息处理的瓶颈问题，1859年成立了伦敦区电报公司（The London District Telegraph Company）。该公司专注于处理区域性社会信息，有助于优化伦敦与周边城市之间的通信联系。

此外，一些特定的社会群体（如英国皇室）希望在日常生活中实现更快的通信联系。为了满足这些特殊、普遍的需求，1861年成立了环球私人电报公司（The Universal Private Telegraph Company），为不同的群体提供专用线路，使他们能够接入庞大的电报信息传递网络。

电报服务市场的不断扩大，为电报公司的业务增长提供了广阔的空间。以上文提到的库克和惠特斯通成立的电报公司（ETC）为例，在1849年之前，这家公司负责管理约2 000千米的电报线路，经过10年左右的发展，到了1860年，这家公司管理的电线长度已经超过30 000千米，同时信息传递的数量也急剧增加，达到1 300 000条。[①] 英国连接欧洲各国城市数量的大幅增加（见图2-2），也反映了这家公司的快速增长。

---

① Morus I. R. The nervous system of Britain: space, time and the electric telegraph in the Victorian age[J]. *The British Journal for the History of Science*, 2000, 33(4): 455-475.

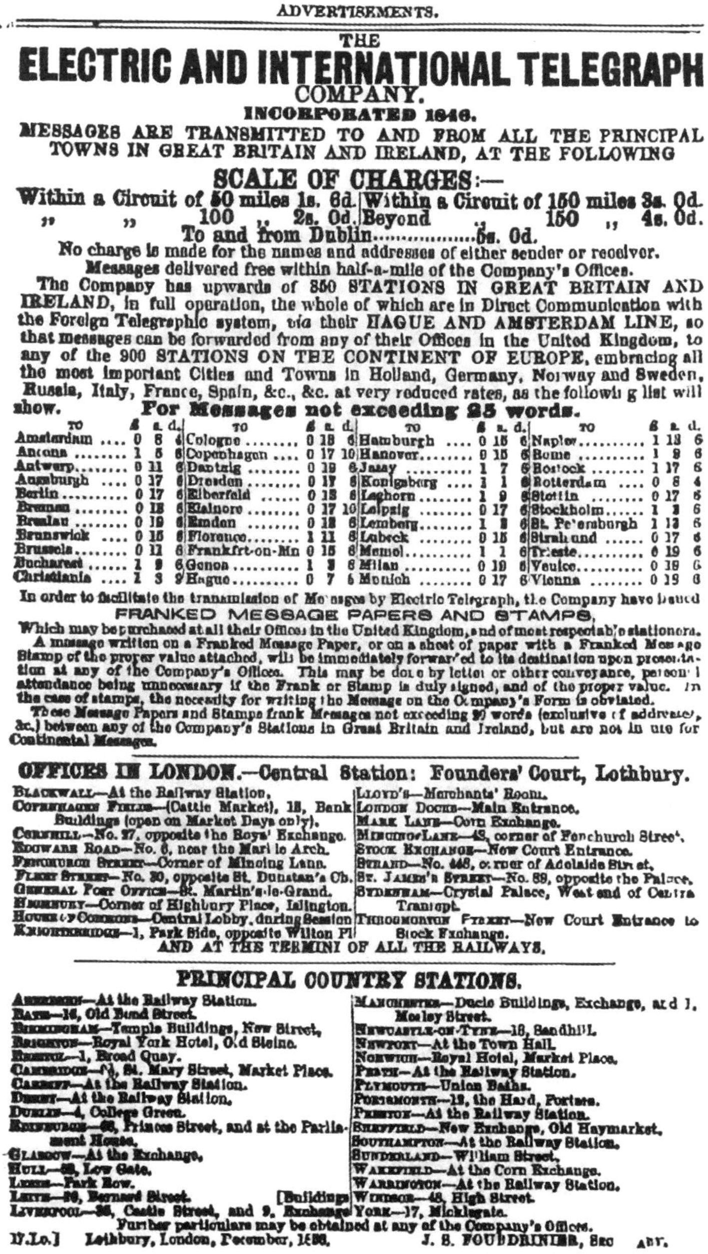

ADVERTISEMENTS.

THE

ELECTRIC AND INTERNATIONAL TELEGRAPH COMPANY.

INCORPORATED 1846.

MESSAGES ARE TRANSMITTED TO AND FROM ALL THE PRINCIPAL TOWNS IN GREAT BRITAIN AND IRELAND, AT THE FOLLOWING

SCALE OF CHARGES:—

Within a Circuit of 50 miles 1s. 6d. | Within a Circuit of 150 miles 3s. 0d.
" " 100 " 2s. 0d. | Beyond " 150 " 4s. 0d.
To and from Dublin..................5s. 0d.

No charge is made for the names and addresses of either sender or receiver.

Messages delivered free within half-a-mile of the Company's Offices.

The Company has upwards of 350 STATIONS IN GREAT BRITAIN AND IRELAND, in full operation, the whole of which are in Direct Communication with the Foreign Telegraphic system, *via* their HAGUE AND AMSTERDAM LINE, so that messages can be forwarded from any of their Offices in the United Kingdom, to any of the 900 STATIONS ON THE CONTINENT OF EUROPE, embracing all the most important Cities and Towns in Holland, Germany, Norway and Sweden, Russia, Italy, France, Spain, &c., &c. at very reduced rates, as the following list will show.

For Messages not exceeding 25 words.

TO	£	s.	d.	TO	£	s.	d.	TO	£	s.	d.	TO	£	s.	d.
Amsterdam	0	8	6	Cologne	0	18	6	Hamburgh	0	15	6	Naples	1	13	6
Ancona	1	5	6	Copenhagen	0	17	10	Hanover........	0	15	6	Rome	1	8	6
Antwerp........	0	11	6	Dantzig	0	19	6	Jassy	1	7	6	Rostock	1	17	6
Augsburgh	0	17	6	Dresden	0	17	6	Konigsberg	1	1	6	Rotterdam	0	8	4
Berlin	0	17	6	Elberfeld	0	13	6	Leghorn	1	9	6	Stettin	0	17	6
Bremen	0	15	6	Elsinore	0	17	10	Leipzig	0	17	6	Stockholm......	1	3	6
Breslau	0	19	6	Emden	0	18	6	Lemberg........	1	3	6	St. Petersburgh	1	13	6
Brunswick	0	15	6	Florence........	1	11	6	Lubeck	0	15	6	Stralsund	0	17	6
Brussels........	0	11	6	Frankfrt-on-Mn	0	15	6	Memel..........	1	1	6	Trieste..........	0	19	6
Bucharest	1	9	6	Genoa	1	3	6	Milan	0	19	6	Venice..........	0	18	6
Christiania	1	3	9	Hague..........	0	7	6	Munich	0	17	6	Vienna	0	19	6

In order to facilitate the transmission of Messages by Electric Telegraph, the Company have issued

FRANKED MESSAGE PAPERS AND STAMPS,

Which may be purchased at all their Offices in the United Kingdom, and of most respectable stationers.

A message written on a Franked Message Paper, or on a sheet of paper with a Franked Message Stamp of the proper value attached, will be immediately forwarded to its destination upon presentation at any of the Company's Offices. This may be done by letter or other conveyance, personal attendance being unnecessary if the Frank or Stamp is duly signed, and of the proper value. In the case of stamps, the necessity for writing the Message on the Company's Form is obviated.

These Message Papers and Stamps frank Messages not exceeding 20 words (exclusive of addresses, &c.) between any of the Company's Stations in Great Britain and Ireland, but are not in use for Continental Messages.

OFFICES IN LONDON.—Central Station: Founders' Court, Lothbury.

BLACKWALL—At the Railway Station.
COPENHAGEN FIELDS—(Cattle Market), 18, Bank Buildings (open on Market Days only).
CORNHILL—No. 27, opposite the Royal Exchange.
EDGWARE ROAD—No. 6, near the Marble Arch.
FENCHURCH STREET—Corner of Mincing Lane.
FLEET STREET—No. 30, opposite St. Dunstan's Ch.
GENERAL POST OFFICE—St. Martin's-le-Grand.
HIGHBURY—Corner of Highbury Place, Islington.
HOUSES of COMMONS—Central Lobby, during Session
KNIGHTSBRIDGE—1, Park Side, opposite Wilton Pl.
LLOYD'S—Merchants' Room.
LONDON DOCKS—Main Entrance.
MARK LANE—Corn Exchange.
MINCING LANE—43, corner of Fenchurch Street.
STOCK EXCHANGE—New Court Entrance.
STRAND—No. 448, corner of Adelaide Street.
ST. JAMES'S STREET—No. 89, opposite the Palace.
SYDENHAM—Crystal Palace, West end of Centre Transept.
THROGMORTON STREET—New Court Entrance to Stock Exchange.

AND AT THE TERMINI OF ALL THE RAILWAYS.

PRINCIPAL COUNTRY STATIONS.

ABERDEEN—At the Railway Station.
BATH—16, Old Bond Street.
BIRMINGHAM—Temple Buildings, New Street.
BRIGHTON—Royal York Hotel, Old Steine.
BRISTOL—1, Broad Quay.
CAMBRIDGE—14, St. Mary Street, Market Place.
CARDIFF—At the Railway Station.
DERBY—At the Railway Station.
DUBLIN—4, College Green.
EDINBURGH—63, Princes Street, and at the Parliament House.
GLASGOW—At the Exchange.
HULL—33, Low Gate.
LEEDS—Park Row.
LEITH—39, Bernard Street.
LIVERPOOL—36, Castle Street, and 9, Exchange Buildings
MANCHESTER—Ducie Buildings, Exchange, and 1, Mosley Street.
NEWCASTLE-ON-TYNE—18, Sandhill.
NEWPORT—At the Town Hall.
NORWICH—Royal Hotel, Market Place.
PERTH—At the Railway Station.
PLYMOUTH—Union Baths.
PORTSMOUTH—13, the Hard, Portsea.
PRESTON—At the Railway Station.
SHEFFIELD—New Exchange, Old Haymarket.
SOUTHAMPTON—At the Railway Station.
SUNDERLAND—William Street.
WAKEFIELD—At the Corn Exchange.
WARRINGTON—At the Railway Station.
WINDSOR—48, High Street.
YORK—17, Micklegate.

Further particulars may be obtained at any of the Company's Offices.

17.Lo.] Lothbury, London, December, 1856. J. S. FOURDRINIER, Secretary.

图 2–2 1858 年英国电力电报公司（ETC）广告中连接的欧洲各城市及信息价格[①]

① Bradshaw's General Railway Directory，Shareholders' Guide，Manual and Almanack 的前附插页广告，该书由 Henry Blacklock & Company 于 1857 年伦敦出版。图中 The Electric and International Telegraph Company 即库克和惠特斯通成立的 The Electric Telegraph Company，1855 年惠特斯通获得库克持有的股份后将公司更名。

（二）莫尔斯电报的社会应用

略迟一点发明，但几乎与库克－惠特斯通电报系统同时被投入使用的莫尔斯码，因其采用了单一电键和通过单根电线传输信号的工作机制，加上基于使用频率高的字母进行优化的设计，使得整套系统在实用性上显著提升。因此，相较于其他类型的技术，莫尔斯码实现了更迅速的推广和更广泛的应用。

莫尔斯电报及编码的应用最初在铁路方面尤为显著，这与库克－惠特斯通电报在帕丁顿到西德雷顿（West Drayton）线路之间的使用具有同等重要的实际意义。当时的美国铁路都是单线而不是复线，存在信息传递障碍，因此为铁路提供服务成为莫尔斯电报系统的存活之源。然而随着线路的日益密集，短短几年内它的扩张速度和幅度就迅速超越了铁路，从而扭转了依附的性质。[1] 铁路的协调调度反过来不得不依赖电报系统的信息传递，而且里程越长，线路越复杂，依赖性就越大。到1848年，莫尔斯码已经在美国铁路系统中广泛使用，目的与英国使用双针电报一样，用来保护道路的安全性和提高效率。当时美国西部跨度很长的单线车道，两站之间的信息传递由于使用马匹来回奔跑常常会导致指令不能及时到位而引发事故，更加快速地传递信息成为当务之急，英国的经验让莫尔斯码自然成为众望所归的选择。

在电报使用之前，铁路线路上一般是每隔5英里（约8千米）左右设立一个中转站，信号员在这段距离之间来回骑马奔跑传递信息。选择5英里作为信号传递的间隔距离，主要是基于马的体力、火车速度、发车频次等因素综合考虑。5英里的距离是当时能够骑马来传递事故警告的最优设置。但如果遇到天气恶劣，信息传递效率就会非常低下甚至中断。电报信息让这种情况得到了彻底改观。由于信息比火车跑得更快，比马匹跑得更远，对火车多条线路调运进行更远、更多频次的集中控制就成了现实。

依托铁路，电报业务在全国邮政系统中也快速发展。在电报线路架设之前，美国东部至西部的快递邮件传递主要依靠马队（Pony Express）完成，大约需要4周的时间才能到达西部。虽然一些马队表现出相当惊人的速度，像"加利福尼亚中部地区和帕克峰特快"（Central Overland California and

---

[1] Beauchamp K. Institution Of Electrical-History of telegraphy. [M]. London: Institution of Engineering and Technology, 2001.95–96.

Pike's peak Express）① 这样的公司，将信函、消息、报纸等从东部密苏里州的圣约瑟夫（St. Joseph）送达约 3 150 千米外的西部加利福尼亚州的萨克拉门托（Sacramento），可以仅用 10 天左右的时间。但从 1849 年起电报业务开始快速扩张之后，快马队伍开始从东部马萨诸塞州的波士顿到中部俄亥俄州的伍斯特（Worcester）的这些业务繁忙的铁路段中陆续撤出，并在西部地区逐渐减少。② 到 1861 年 10 月，从东部传递过来的电报信号已经到达了加利福尼亚，沿线原先演绎西部牛仔故事的大量驿站，只有极少部分继续存留了一段时间。

除了铁路信号，国会办公室等场所也开始频繁使用电报。鉴于电报是编码语言且信息量庞大，官员们直接阅读颇感困难，通常会将电报内容印刷出来以便阅读。印刷时，工作人员把收到的电报信息依据编码词典还原内容，转换成文字，再输入印刷机。之后，信使负责迅速将其递送给收信人，若收信人需回复电报，则信使将回复带回电报局进行编码和发送。到了 19 世纪 40 年代，华盛顿通过新奥尔良和里士满，与美国南部主要地区建立了有效的信息传递网络。

可靠、简洁扼要的信息传递方式极受欢迎。电报信息具有这样的特性，因此它被社会各个阶层所接受就是顺理成章的事情。1845 年，即莫尔斯电报系统的第一条线路运行近一年的时间后，电报系统设计的合伙人之一，阿尔弗雷德·韦尔，对积累的大量信息记录纸条进行了分类整理，并作出了以下记录：

> 许多重要信息，包括往来于商人、国会议员、政府官员、银行、经纪人、警官之间的信息；双方通过协议在两个车站会面，或由其中一方派人接送；新闻、选举结果、死亡通知、有关家庭和个人健康的询问、参议院和众议院的每日议事情况、货物订单、有关船只航行的询问、法院的案件审理情况、传唤证人、有关专列和特快列车的信息、邀请函、在一个车站收款和在另一个车站付款的信息、要求债务人汇款的信息、医生会诊信息……③

---

① 19 世纪中期美国西部地区最重要的传统信息传送机构，基于 50 年代大量人口涌入加州掘金和 1861 年美国开始内战带来的长途信息快速传递需求而诞生，50 年代末 60 年代初公司达到鼎盛时期，仅 1861 年 1 月和 2 月就拥有 120 名骑手、184 个驿站和 400 匹马。内战中由于帮助政府运送军需物资，该公司后被纳入国家邮政系统。

② Carey J. W. Technology and ideology: The case of the telegraph[J]. Prospects, 1983, 8: 303–325.

③ Vail A. The American Electro Magnetic Telegraph: With the Reports of Congress, and a Description of All Telegraphs Known, Employing Electricity Or Galvanism[M]. Philadelphia: Lea & Blanchard, 1845.8.

这些广泛的内容记录表明，电报信息在当时已经成为连接政府之外众多社会机构间事件关系的重要纽带。由于这种趋势的存在，那些试图利用电报技术申请专利的人，在专利命名上不得不尽可能使用语义宽泛的词汇来进行描述，如"一种发送装置""一种印刷设备""一种盖戳新技术"或"信号传递的新方式""警报声的新传递方式"或"新闻传递的新方式"等，但显而易见，这些词汇在描述具体功能时表现得捉襟见肘。

电报信息在各个方面快速蔓延带来持续的新变化，变化数量之多难以有效整理。1873年《哈珀》杂志（*Harper's*）在总结这段初创时期电报事业研究所面临的困难时指出：

> 由于我们既要处理新的和陌生的事实，又要在新奇和不一致的意义上使用旧词，因此要对这一主题形成一个清晰的概念就更加困难了。①

纽约市的电报事业发展极为迅速，特别是在19世纪50年代初。这一时期，纽约拥有的电报线路已经达到11条，这主要得益于银行、证券和金融机构对电报的大量使用。这些金融机构是电报最初商用的主要使用者，它们通过电报线路与华盛顿、波士顿、布法罗、费城等重要的金融和商品贸易城市建立了广泛联系。一家运营情况正常的银行平均每天能够发送和接收6～10条电报。对于那些信息传输量较大的公司来说，全年的电报发送和接收费用甚至能达到1 000美元左右。②纽约在电报线路上的优势促进了其逐渐成为经济金融信息中心的过程。

电报信息与金融、社会普遍关注事件等内容紧密相关，对社会观念产生了有力冲击。电报的出现在原本由快马、信鸽主导的信息传递领域产生了显著的替代效应，导致传统信息传递方式急剧减少，资本、就业和业务都向电报行业转移。年轻人更倾向于选择成为电报信使，尽管工资不一定高，但由于与最新科技的联系，这个职业通常比其他职业更具吸引力，这与现代青年人对IT技术领域的热衷相似。高涨的人气能够帮助年轻人获得更好的声誉和更理想的收入。同时，大量的电报培训教育也在蓬勃发展（图2–3）。这些学校按照统一程序对学生进行电报收发训练，将信息编码的概念深入学生的心智中，而精通编码的学生通常能轻易找到工作。威斯康星州的简斯维尔（Janesville）学校就是这个时期建立起来的。派克钢笔

---

① Alden H. M. Congress J D B C. Harper's New Monthly Magazine[M]. New York: Harper & Brothers, 1873.336.

② Du Boff R. B. Business Demand and the Development of the Telegraph in the United States, 1844–1860[J]. *Business History Review*, 1980, 54(4): 459–479.

公司的创始人乔治·派克（George S. Parker）就是该校当时的一名电报教学老师。当时还没有打字机，电报员都是使用钢笔或铅笔来抄写信息。整个行业对笔的巨大需求为帕克创业提供了启发。

图 2-3　19 世纪 50 年代初电报职业教育的招生广告[1]

在 19 世纪 60 年代初，美国商用电报网络的线缆总长度已接近 85 000 千米。到了 70 年代，英国的公路与铁路电报站点数量约为 2 800 个，形成了广泛的网络覆盖。特别是在 1871 年，主要城市的电报局数量就增长了 50%。而到 1895 年，北美和欧洲的电报系统共管理着超过 4 150 000 千米的陆地电报线缆以及 127 000 千米的海底电缆，通信量每年平均增长率约为 15%。[2]

电报服务使用量的增加使单位服务成本下降，这是规模经济效应所致。这导致电报线路网络扩展至更广的区域，进一步促进了电报服务费用的降低。库克-惠特斯通公司最初按"条"计价，每条信息限 20 个单词，对于国内传送距离达到 100 英里（约 160 千米）的电报，收费为 4 先令 2 便士。随着电报公司数量的快速增长，到了 1852 年，库克-惠特斯通公司收费降至 2 先令 6 便士（图 2-1），1855 年进一步降至 2 先令，后降至每条每 160 千米 1 先令，且不收取名字和地址的费用。到 19 世纪末，英

---

[1] Lewis Coe. The Telegraph A History of Morse's Invention and Its Predecessors in the United States[M]. Jefferson: McFarland and Company, 1993.110.

[2] Huurdeman A. A. The Worldwide History of Telecommunications[M]. New York: Wiley, 2003.141.

国电报价格已经固定为每条（仍然以 20 个单词为限）每 160 千米只收 6 便士。① 这样的资费，使得电报服务普及至各个阶层。

随着电报服务资费的降低，电报在社会公众日常生活中的应用变得越来越普遍，电报业务与人们的日常生活越来越紧密相关，其公共媒介的身份逐渐得到了社会的广泛认可和接纳。政府开始将电报服务纳入公共管理职能，各国的邮政系统也逐步将电报服务整合入日常业务。这样的举措不仅提高了电报服务的可访问性，还强化了其作为社会公共媒介的地位。与此同时，公众使用的电报信息越来越显示出与邮递信件类似的属性，成为人们进行沟通和交流的重要方式。

二、公共信息的大规模传播

在电子电报之前，铁路调度、证券交易、水路航运等信息流动主要局限于各自的领域。在电子电报普遍应用以后，编码信息的快速传播几乎能让各个接收局同时收到消息。信息流动的范围得到拓宽，多个社会领域通过电报网络实现了更广泛的连接。

1794 年，通过旋转扳臂编码系统传递，巴黎收到的里尔传来的消息仅为少量数字，且传播范围极为有限。但在 50 年后的 1845 年，英国维多利亚女王在伦敦白金汉宫的演讲，长达 3 600 多个单词，通过电报和报纸传递，使 100 千米外的南安普顿市民迅速得知了讲话内容。②

编码传输确保了信息在发送和接收时内容上的一致。因此，编码传输的信息为所有参与的人群提供了一个了解彼此情况的新平台。

（一）索特西尔谋杀案引出的"同步"观念

1845 年元旦，伦敦西部斯劳的索特西尔（Salt Hill）发生一起谋杀案，犯罪嫌疑人在潜逃时搭乘了开往帕丁顿方向的火车，两地之间约隔 20 千米，帕丁顿警察局很快通过双针电报接收到嫌疑人的通缉信息并将其准确抓捕。

其报文如下：

索特西尔刚发生了一起谋杀案。有人看到嫌犯买了一张前往伦敦的一等车票，并乘坐了下午 7 时 42 分从斯劳开出的火车。他身着贵格会士

---

① Huurdeman A. A. The Worldwide History of Telecommunications[M]. New York: Wiley, 2003.106.

② Jeans W. T. Lives of the Electricians: Professors Tyndall, Wheatstone, and Morse. First Series[M]. California: Whittaker & Company, 1887.180.

的服装，外套一件几乎长及足部的棕色大衣；他在第二节头等车厢的最后一个隔间里。

回复信息如下：

来自斯劳方向的列车已经到达；从提到的车厢里走出一个人，各方面都符合电报上的描述。我把他指给威廉姆斯警官看。那个人上了一辆纽洛德公共汽车，威廉姆斯警官也上了同一辆车。①

借助电报发送的信息，嫌犯最终在伦敦落网并被处以绞刑。本来是一件普通的刑事案件，1842年创办的《伦敦新闻画刊》（*Illustrated London News*），一份主要为城市人群提供英国社会生活及相关轻松消遣内容的周刊，对此案进行了简单报道。然而这篇报道却引发了舆论热潮，在报道发出的第二周，该杂志乘势刊登了一篇长文，把斯劳警局和帕丁顿警局办公室之间的电报报文原样刊登，并对电报发送信息这种技术以报纸所擅长的方式大加赞赏。

在杂志持续不断地推波助澜下，鉴于电报对于普通社会公众来说还是闻所未闻，这件事在社会上引发强烈关注。人们纷纷讨论这一事件以及电报的作用，以表明自己知道了一种新知识。事件结束后，一些评论家直接将其核心归结为电报的作用，称电报线为"绞死约翰·塔韦尔的绳子"。

1845年，电报技术尚处于初期应用阶段。一位英国军官与一位绅士协作，在朴茨茅斯火车站利用电报传递的信息，与远在沃克斯豪尔（Vauxhall）火车站的两位朋友进行了一场国际象棋对弈。根据当时的报道，双方通过电报信号传递各自棋步的指令，以实现远程下棋。②这件事自然也受到了各家报纸的追逐，使电报再次成为公众关注的中心。

在19世纪中叶，电子电报系统和扳臂电报系统在主要用途上——即军事指挥和政府信息传递形成了鲜明的对比。新的电报技术与社会重要事件和流行话题紧密相关，这一点在当时的社会背景下尤为突出。在电报的参与下，社会热点事件能够迅速且精确地传达给大众，为不同城市的居民提供了统一而清晰的现实影像。前文谋杀案中关于"身着贵格会士的服装，外套一件几乎长及足部的棕色大衣"的描述，其实质是实现了远距离意象和语义的清晰再现，强化公众对案件细节的共通认知。

---

① Jeans W. T. Lives of the Electricians: Professors Tyndall, Wheatstone, and Morse. First Series[M]. California: Whittaker & Company, 1887.179.

② Jeans W. T. Lives of the Electricians: Professors Tyndall, Wheatstone, and Morse. First Series[M]. California: Whittaker & Company, 1887.181.

在过去的观念中,"发送"(send)一词通常指的是通过人力跑步或乘坐马车将物品或信息送达既定目的地。这个传统概念非常直观易懂。随着电报的出现,"发送"这个词的含义发生了转变,因为它不再需要传统的信差来完成投递过程。"消息"(Message)这个词曾经是指一张写有完整语义的小纸条。但在电报系统中,这种实体的纸条不复存在,取而代之的是经由电信号传递的信息。对于当时的普通人来说,他们手里还拿着写有文字的纸条,而与此同时,纸条上的信息却已经通过电报线路被远方的亲友接收了。这种现象往往让他们困惑不解:消息是如何跨越遥远的距离实现瞬时传播的?

"消息"在"发送"出去之前,一直是以有形之物出现在人们面前,眼见为实的经验固化了这种认识。然而,电报编码的方式迫使人们接受"消息"与纸条在物理形态上分离的现实。在后来的解释中,"电流承载讯息"(current carries a message)成为一种更易于理解的说法。借助于"携带"(carry)这样的词语,电流"产生"了可以远距离复制并且能够被识别理解的"信号"(signal),为另一端的接收者提供相同的认知保障。因此,通过电报发送的消息,对方在收到报文后通常不需要再问"你能说得更清楚具体些吗?"这样的问题。

(二)"同步"观念在"时间"表达上尤为典型

在19世纪40年代以前,伦敦的钟表要进行校时,唯一的方式是观察天文台屋顶上即将落下的时间球,以确保与格林尼治时间同步。格林尼治皇家天文台首先利用电报线路的信号,参照坐落在天文台钟表所指示的时间,为罗斯伯里街电报公司的钟表调整指针位置。这种调校所显示出的实用性让其他钟表纷纷效仿,很快全国的钟表都主动通过电报线路的信号来加入格林尼治时间以表示自己的准确度。"格林尼治标准时间"为不同地理位置的钟表树立了一个共同参照物,使相隔距离较远的不同地点在时间步调上能够保持一致,从而形成"统一时间"。

美国标准时间制度的确立同样是建立在电报系统社会应用的基础之上。在电报广泛使用之前,城市中的珠宝商会在橱窗中展示精密计时器,供过路人对照校准手表时间。而在农村地区,人们主要参照日出、正午和日落等自然现象来确定时间。1865年,位于华盛顿特区的美国海军天文台开始向公众提供非军事用途的时间信号服务。利用电报传递信息时,接收信息的两端可以同时收到时间信号,这促进了基于电报通信发展起来的"时间同步"概念。最终,美国政府在1883年正式建立了现行的全美标准时区体系。

（三）气象信息成为报纸内容的重要组成部分

"同步观念"蕴含了"共同知晓"的原则，它推动了信息传播向社会化共享的方向演进。在这方面，一些市场上的投机者无意中成为这一趋势的推动者。

由于天气条件对农产品市场价格具有显著影响，市场投机者为了在交易中获得价格上的优势，会采用合作的策略。他们利用电报的编码信息来传递和获取远方地区的天气信息，以期在竞争中占得先机。通常，这些信息会被记录并整理成以下格式：

Derby, very dull-York, fine-Leeds, fine-Nottingham, no rain but dull and cold[①]
德比，阴沉；约克，晴；利兹，晴；诺丁汉，无雨但阴冷

这些简明扼要的天气报告为市场交易者迅速了解远距离地区的气象状况提供了极大便利。交易者能够根据这些信息，结合自身经验，对市场价格的可能变动进行预测，并据此作出交易决策。

1854年，英国政府专设气象部门，推动气象信息向公共传播迈出重要一步。气象部门负责人海军上将罗伯特·费兹罗伊（Robert FitzRoy）[②]在伦敦的国王街选定办公地点后，让观察员带着晴雨表、气压计和气象表等设备，分赴海岸线上的各个港口或气象点。观察员们用设备收集所处地点的气象信息，然后将这些信息通过电报汇集到费兹罗伊处。费兹罗伊对汇总的信息重新整理，随后开始发布统一的天气预报。

这种处理方式显著提升了天气信息传播的效果，不再仅仅局限于对各地气象现象进行简单的因果分析或是表面的解释。它更多地依赖于强大的空间连接能力，通过对收集到的广泛信息进行深入分析，挖掘并探索不同地区天气状况之间可能的相互作用和影响。这样的方法使得对天气情况的解读更加及时、准确和可信。从1860年开始，这种天气信息被每天公开发布在《泰晤士报》（The Times）上，逐渐成为报纸内容的重要组成部分，为人们的日常工作、生活以及社交事务提供及时的应对提醒。大范围的气象信息报告实质上提供了具有普遍公共属性的实用信息，其传递效率和内容的相对可靠性，赢得了社会的"整体认同"。

---

① Brooman R. A. Mechanic's Magazine, Museum, Register, Journal & Gazette[M]. London: Knight and Lacey, 1847.184.
② 曾担任查尔斯·达尔文乘坐的"小猎犬号"进行著名自然历史考察旅行的船长。

（四）价格信息传播标志着公共信息传播的行业化转变

以编码方式传递的价格信息，往往能引发社会大众的一致关注，因为它以公共信息的方式连接了各方的共同利益追求。这强化了电报系统作为公共传媒的作用。

在19世纪40年代，英国正在经历铁路建设的高潮。为了确保铁路调度信号的统一性，五针电报系统的编码手册得到推广使用。电报与铁路运输的紧密融合对信息传递产生了显著的积极效果。这一时期铁路建设的繁荣带来了巨大的投资需求，进而激发了市场对于商业信息，特别是实时价格信息的强烈需求。由于价格信息的结构相对简单，编码传递与商业信息传播（如钢铁价格、股市动态等）之间形成了密切的协作关系。1845年，由于"铁路狂热"（Railway Mania）所引发的经济泡沫，伦敦证券交易所（London Stock Exchange）的经纪人已经开始利用电报与巴黎、法兰克福、阿姆斯特丹等城市的股票交易所进行信息交换。

19世纪40年代中后期，利物浦作为全球棉花交易中心，交易者开始利用电报服务获取商品价格和供应信息。同样，曼彻斯特的谷物市场等其他交易中心也开始使用电报服务。

价格信息在之前的扳臂电报编码传递中已经有所应用。19世纪30年代，一些有条件的商业机构开始用此技术传递远洋轮船到港和货物卸载信息。[①]扳臂编码与商业价格信息结合后，使用上的表现明显让个人用户不满意。第一，由于受日照、风沙及雨雪等自然条件的影响，系统在夏季每天能够工作的时间平均只有5小时，冬季则只有2小时左右，平均每分钟表达的字符量最多不超过20个，这大约只相当于译码本上两个信号的编码量；第二，只针对特定范围阶层，一般社会阶层被严格拒绝接近；第三，传输速度缓慢，且受自然条件约束；第四，庞大的操作组合造成的低效率；第五，信息通路的使用成本昂贵，即使是富裕的工业主、货运商或者股票经纪人，也只有少数人能负担得起其传递远程信息的成本。

但现实中的价格信息传播空间广泛存在。在19世纪初，由于铁路网络未充分发展，通信和交通缓慢，市场间的联系相对薄弱，且市场联系随着距离的增加而进一步降低。一个市场中的某一价格很难对其他地区市场的同类价格造成明显影响，使得相同商品在不同城市的价格差异显著。市场商品的价格变化主要取决于地域内部供应和需求的平衡状况。例如，在

[①] Wenzlhuemer R. Connecting the Nineteenth-Century World: The Telegraph and Globalization[M]. Cambridge: Cambridge University Press, 2013.85.

19世纪40年代以前,美国东部与中西部地区小麦等农作物商品的价格相差约25%。[①] 在这种情况下,商品交易的动力主要来自现货套利,即在价格相对较低的地方买进商品,然后通过交通工具,将商品远途运输到另一个同类价格较高的地点以较高的价格卖出去,交易关键之处是需要完成实物商品的空间地理位置转移。由于艰难的交通状况很大程度上限制了交易次数,套利空间长期存在。

编码传递让价格信息找到了可以广泛传播的途径,而新式电报编码信息比扳臂电报更加主动地传播商品价格和农作物实际收获状况。纽约交易所的交易价格信息通过复杂的城市通信线路,源源不断地传递到美国西海岸各个地方。它们在市场上是价格投机者热烈追逐的对象,吸引着成千上万的交易者参与到价格交换的市场中来。一般来讲,价格信息供给的增加会带来市场知情者参与规模的不断扩大,从而引发市场上商品价格的连锁反应。虽然交易次数不断增加最终会导致套利交易的价格差异逐步缩小,但每个人都希望在信息上能比别人领先一步,以实现在套利交易中胜出。

编码传递的价格在广域范围内的快速传播,产生了一个现象:各地价格信息的表现趋于一致。美国学者亚瑟·科尔(Arthur H. Cole)对美国从1816年开始的同类商品的年度价格变化进行了跟踪研究。他的分析表明,到了19世纪40年代后半期,小麦的年均价格不仅波动幅度显著减小,而且价格也从9.3美元每吨降至4.8美元,这意味着价格下降了接近48%。[②] 这是因为,随着重要的交易中心全部建立起依靠电报编码传递即时市场信息的机制,一个全国性的农产品价格市场得以形成。这一变革的背后,部分原因是铁路的发展带来了物流的增长,并促成了区域化市场的建立,但是跨区域的电报信息的传播帮助建立了覆盖更广地域的市场。

在商品从一个地点转移到另一个地点的过程中,由于地理距离的存在,商品的初始报价与实际交易时的价格之间往往会有差异。然而,编码传递的公共传播角色极大地提升了公众对商品价格信息的知晓度。例如,密西西比河小麦产区发生洪灾,消息通过电报迅速在市场上散播,市场参与者在很短的时间内都获得此类信息,并据此调整对该地区小麦产量的预期和反应。

通过电报信息的传递,市场上的各方都能够接触到几乎相同的交易信

[①] Pred A. Urban Growth and The Circulation of Information: the United States System of Cities, 1790–1840[M]. Cambridge: Harvard University Press, 1973.86.

[②] Pred A. Urban Growth and The Circulation of Information: the United States System of Cities, 1790–1840[M]. Cambridge: Harvard University Press, 1973.57.

息，这有效地缩小了因地理位置不同而产生的价格差异。这种快速的信息流通逐渐减少了不同地区之间的价格差距。[①]19世纪50年代左右，各地市场在电报信息的连接下，美国中西部地区价格波动幅度已经与其他地区大体保持一致。从这个角度来讲，是电报编码传递的作用减小甚至消除了一部分的套利交易的生存空间，[②] 从而促进了统一的价格体系的形成。

编码信息的传递导致地方市场之间的价格投机空间缩小，但也为商品交易创造了新的机会。1848年，芝加哥商品交易市场（The Chicago Board of Trade，CBOT）投入运营，同时，电报局也在这个城市向公众展开运营。之后各类农作物状况和价格信息通过电报编码和线路，源源不断地先于商品实物抵达这个交易市场，并被频繁地买来卖去。

为了应对19世纪40年代末期谷物交易中可能出现的价格欺诈问题，交易商们采取了一种新的做法：他们开始依赖交易所的经纪人通过电报发送实时的市场价格信息。这一策略使得交易商能够更准确地确定农产品的市场价格，并据此制定销售策略。随着时间的推移，这种利用电报网络传递价格信息的方法逐步演变成了行业标准。它为后续的价格信息传播和交易模式奠定了基础，特别是集中竞价制度的建立，它要求所有的报价必须首先通过电报网络发布，然后才能进行集中的价格竞争和交易。这一变革不仅提高了交易的透明度和效率，还促进了现代交易机制的发展。[③] 这些买卖行为在多数情况下并不是基于实际情况，而是基于市场传递的商品信息在社会当中形成的影响力，即在公开信息影响下形成的价格观点。价格观点总是瞬间形成，市场参与者无暇思考，只能迅速作出反应。

电报编码通过这种全新的、彼此紧密连接的价格信息共享形式，实现了公共传播功能。

第二节　新闻业务的新迹象

在19世纪早期以前，编码传递还未被广泛应用于新闻和信息的传递。那时，报纸获取新闻的主要方式包括书信传输、邮件传递、面对面采访、

[①] Stachurski R. Longitude by Wire: Finding North America[M]. Columbia: University of South Carolina Press, 2009. 87.

[②] 当然这并不意味着套利交易机会的完全消失。这是因为市场中关于交易信息的不完备性始终存在，因而造成价格的波动一直存在。

[③] Wenzlhuemer R. Connecting the Nineteenth Century World: The Telegraph and Globalization[M]. Cambridge: Cambridge University Press, 2013.312.

· 65 ·

与通讯社和其他报纸间的信息交换和合作，以及收集公共场所的公告和传单。通常，读者或其他市民会通过书信或邮件的方式将发生的事件、见证人证言和其他相关信息发送给报纸的编辑部。编辑会根据这些资料撰写详细的新闻报道。此外，记者经常会亲自走访事件发生的现场，或者与目击者和当事人进行深入的面对面采访。完成采访后，他们会回到编辑部，将口头采访内容整理成正式的新闻稿件。

通讯社也会派出专门的记者到各地进行新闻采集，并通过邮政系统将新闻稿件发送给各大报纸。收到这些稿件后，报纸编辑可对其进行二次加工。报纸之间会进行信息交流与合作，一些报纸还会购买其他报纸的原创稿件，经过编辑后在自己的报纸上发表。这种合作关系有助于报纸获取更丰富、多样的新闻来源。除此之外，人们也会在公共场合，如街角、商店门口等地方，以公告或传单的形式发布重要消息。报社的记者会定期巡查这些地点，并将公告和传单上的信息整理为新闻报道。但这些方式在信息获取、编辑、印刷和分发方面需要相当长的时间，也更容易受到天气、交通等外部因素的影响。

电报的编码传递在公共信息方面极大地转变了传播的现状，并推动了报业的快速发展，成为现代大众传媒产业形成的一项关键媒介。[①] 尽管在早期新闻史的一些研究中，电报媒介作为新闻传播渠道和特点，被解释的成分并不显著。例如，在詹姆斯·卡瑞（James Curran）和珍·西顿（Jean Seaton）合著的《英国新闻史》一书中，虽然讲述了英国地区性日报数量从1850年的2种增长到1900年的96种，[②] 但并没有单独提到电报的影响，这是因为其研究目标主要专注于新闻专业主义。其他一些研究明确指出了电报技术对新闻行业发展的显著贡献，尤其突出了地方性报纸从这项技术的普及中所获得的益处。这种普及显著减少了使用电报的门槛和费用，使得新闻和信息的传播更加迅速广泛，为地方报纸与大城市如伦敦的报纸展开有效竞争提供了可能。[③]

一、新闻的大众化转向

电报编码的广泛使用开启了远程通信技术的新时代，极大地加快了信息传播速度。电报在传递信息中的普及不仅在商业、军事和政治方面起到

---

① 张咏华. 媒介分析: 传播技术神话的解读 [M]. 上海: 复旦大学出版社, 2002: 12.
② [英] 詹姆斯·卡瑞, 珍·辛顿. 英国新闻史 [M]. 栾轶玫译. 北京: 清华大学出版社, 2005: 29.
③ Silberstein Loeb J. The Structure of the News Market in Britain, 1870–1914[J]. *Business History Review*, 2009, 83(4): 759–788.

了重要作用，更关键的是，电报与新闻业的紧密结合使得公众迅速获取来自世界各地的信息。

在电报媒介成为主要的新闻传播渠道之前，报纸的新闻来源一般分为三种：一种是像《泰晤士报》这种有实力在海运、陆运上专门雇用许多通讯员来获取信息的报纸；① 另一种是没有力量主动收集信息，通常是向街头、闹市、港口的消息灵通人士或政府部门知情者购买消息，或者互相交换一期报纸所需的新闻内容；② 还有一种就是等待长途邮轮带来的外埠各种流传着的重要事件。在 18 世纪末以前欧洲的主要城市里，一些特定的聚会场所，如伦敦的劳埃德咖啡馆（Lloyd's Coffee House），就是新闻和情报交流的著名地点，人们在这里分享全球航运带来的各种有价值的信息。

19 世纪初期，即便是海上的蒸汽船，其航速通常也只能达到每小时大约 5 到 10 海里（约 10 到 20 千米）。如果在航行过程中需要多次停靠或补给，一份汇编的信息或报纸，随着在德国装载货物完毕的邮轮出航，到达荷兰后进入另一家报社手中，通常要花费大约两周时间；而从挪威航行到伦敦可能需要长达六周；横渡大西洋的旅程则可能耗时一个到两个月。在此背景下，尽管美国已宣布独立并告别了殖民地时代，其新闻行业开始逐步发展，但仍面临新闻资源的相对短缺。从英国传来的新闻，通常至少需要四周时间才能到达。③

因而，一期报纸或杂志的出版，编辑需要花费一段时间来积攒足够数量的篇幅以付梓，通常以星期甚至更长的时间为出版周期；④ 同时，新闻源不足的局限性往往会导致在报纸版面上出现大量相似或重复的主题文章，这种现象要求读者具备较广的阅读范围才能从中获取新的信息。此外，由于当时报纸中缺乏专门的娱乐性内容，这类轻松愉快的阅读材料并不普遍，这也影响了报纸的普及和受众范围。因此，报纸的发行量相对较小，其传播影响力主要局限于特定的领域或读者群体。这种情况下，报纸的作

---

① 这只有政党和大型财团支撑的报纸才能做到，同时这类报纸在纸张、广告和报纸的征税政策上也会获得偏袒，因而它们在廉价报纸兴起之前很长时间内占据着新闻领域主要位置。

② 《奈尔斯周报》（*Niles' Weekly Register*，1811）是早期凭借交换新闻内容而兴起的报纸，但在电报出现后很快就退出了新闻行业（1849 年）。因为电报供应的信息充足，报纸间的信息交换快速减少。

③ Thomas I. The History of Printing in America: With a Biography of Printers, and an Account of Newspapers: To Which Is Prefixed a Concise View of the Discovery and Progress of the Art in Other Parts of the World: Volume II[M]. 1810: 192.

④ 美国的第一张报纸是本杰明·哈里斯 1690 年 9 月 25 日在波士顿发行的，发行周期为每月一次，如果内容积累足够，就会适当缩短时间。

用主要是在其销售范围或目标受众中发挥信息传递的作用。

从18世纪末到19世纪初的几十年间，随着工业革命的推进，印刷和排版技术取得了重大改进。同时，美国在1792年实施了《邮政服务法》，英国政府于1832年开始进行报刊税的改革，这些革新逐步改变了社会对信息及其传播方式的需求和认识。

在18世纪及之前，"Intelligence"一词主要用于描述通过特定的搜寻和交流手段所获得的信息。因此，"Intelligence"通常与内部消息、秘密信息或者特定群体之间的情报交流联系在一起。这种信息具有一定的排他性，通常与个人或小团体相关，且内容多专注于特定领域，如政治内幕、军事动向或商业情报。

到了1788年，《每日环球记事报》(The Daily Universal Register)更名为《泰晤士报》，这不仅仅是名称上的改变，更是报纸内容和定位的重要转变。在这个时期，报纸开始认识到新闻时效性对吸引读者的重要性。因此，《泰晤士报》和《早报》(The Morning Post, 1772)等主流报纸开始在其报道中频繁地使用"News"一词，特别是在标题和专栏中，以此来强调新闻的即时性。在19世纪30年代初期，虽然如《美国电报》(The United States Telegraph, 1826)这样的党派性报纸在政治角逐中易于获得资金支持，并且取得了可观的发行成绩，但在竞争激烈的报业市场中，这种优势并非可持续策略。1833年创刊的《纽约太阳报》(The New York Sun)和1835年创刊的《纽约先驱报》(The New York Herald)等便士报的出现，在强调新闻即时性的同时，还密切关注社会公共事务及公众的日常生活。这些报纸不仅大幅度降低了读者获取新闻的费用，而且极大地推动了新闻传播的普及和社会化，使得新闻传播到更广阔的区域。

在这些因素的共同影响下，自19世纪30年代起，"News"一词逐渐成为描述最新发生事件的首选词汇，而"Intelligence"则更多用于指代分析性或背景深度的信息。从"Intelligence"到"News"的词义演变，反映了新闻和信息的收集，从原本服务于少数人群，逐步突破了传统报纸（尤其是党派性报纸）的界限，向更加大众化的新闻报道转变。

二、新闻信息搜集的职业化

1846年，英国电力电报公司（ETC），作为全球首个提供电报公共服务的企业，其业务范围并不仅限于银行和股票经纪之间的金融信息交流。商品交易者也开始利用其服务迅速了解市场的供求情况和价格变动。此外，ETC还将其服务领域拓展到了新闻资讯，为报纸和其他机构快速传递消息提供了便利。

随着电报编码在公共信息传递中的规模化应用，信息传播的目的已经超越了单纯的实用性。电报站点的相互连接使得地理界限不再是信息传播的障碍，原本仅对特定区域有价值的实用信息转变为具有公共知晓价值的信息。即使是一则在表面上看似不太重要的消息，仅仅通过获悉它，也可能对个人产生某种意义，从而为该消息的传播注入了"知晓价值"。因此，这类信息也开始显现出与常规新闻类似的基本特性。

商品价格信息的传递与电报编码的结合体现了这种特征。时间和地域的差异通常导致同一商品在不同地区出现价格差异，市场投机者密切关注并利用这些价格差谋求利润。在电报编码传递的环境下，时间和地理差异带来的障碍得以消除，使得价格信息不再受到传统地理限制的影响。这一变革显著扩大了能够即时接入信息流的人群。市场参与者们为了追逐潜在的经济利益，开始更加频繁且积极地交换价格信息。

早在1830年，美国《商业周刊》（*The Journal of Commerce*，1827）就已利用扳臂电报系统传递商业价格信息，[①] 但这种方式当时并不普遍。信息流动的加速促使了收集与传播价格信息活动的兴起，这些活动逐渐成为市场运作和新闻采集的重要部分。这一趋势首先在19世纪40年代末显现，特别是在金融和商业领域的市场价格信息方面。这不仅标志着批量电报新闻业务的兴起，[②] 而且还表明了该领域的信息收集与传播开始转变为独立的专业领域。

在此期间，英国的主要报纸开始认识到这类电报信息的新闻价值，尤其是对商业和金融领域读者具有吸引力的部分。这些报纸逐步开设专栏，设置专门版面，报道商业动态、金融事件、股票及其他金融资产的价格信息。这解释了为何电报系统需要持续提供价格信息，相比之下，扳臂电报系统在没有信息传输时则通常保持沉默和待命状态，而源源不断地供应新内容是报纸吸引读者注意的有效策略。

新闻搜集和信息传播的职业化趋势可以追溯到18世纪甚至更早的时期，但是直到19世纪中叶以后，这一领域才开始显著发展并推动了从业者的专业化进程。随着新闻和信息的产业化趋势愈发明显，尤其是在电报技术被广泛用于迅速传递公共信息的背景下，以及在系统地搜集和传播商

[①] Hudson F. Journalism in the United States, from 1690 to 1872[M]. Whitefish: Kessinger Publishing, 2005.365.

[②] Barton R. N. New Media: The birth of telegraphic news in Britain 1847–1868[J]. *Media History*, 2010, 16(4): 379–406.

业信息的做法逐渐成为常态时，记者（编辑）群体逐渐壮大起来。尽管从事这一行业的人数不断增加，且成员背景多种多样，但在处理新闻和信息的方法论上却展现出高度一致性。他们采纳了几乎统一的程序和规模化的手段，使用电报编码向报社和其他新闻机构传送所需的内容。

同时，随着编码信息传递技术的普及与公共信息的广泛传播，报纸行业，尤其是商业报纸，开始经历自我转型，以增强其在社会信息交流和塑造公众观点中的重要作用。在电报服务成为广泛合作伙伴之前，报纸的制作主要依赖于个体工作者的努力，一个人可能需要承担印刷、广告销售、编辑和报道等多项任务。随着电报带来信息的快速扩张，记者和编辑的职位需求随之增长，为提高效率，新闻生产过程开始更注重分工，信息的采集和报道变得更为有序和系统化，不再仅仅依赖于个人随意的操作。报纸制作由单打独斗逐渐演变为团队合作的模式。除了传统的编辑和记者职能之外，还衍生出新的专业岗位，如版面设计师、标题撰写师、校对员等。这些基于劳动分工而设立的专业职位，显著提升了报纸的品质和整个行业的专业水准。

早期的主流报纸在很大程度上被看作是政党的宣传工具，其内容通常以政治评论或辩论性的长篇文章为主。然而，随着公共信息与新闻传播的融合，无论在美国、欧洲还是世界其他地区，公众对日常信息兴趣的显著增加，使得报纸在人们获取此类新闻方面变得不可或缺。面临商业报纸在读者市场的挑起的竞争压力，主流报纸被迫调整自己的内容和形式，以适应由电报技术带来的现实和生存挑战。

三、新闻生产方式的新变化

专注于迅速且有效地传达最新商业资讯和其他价格信息新闻，同时直观地记录大众日常生活的点滴，这样的报道方式使商业报纸越来越受追捧。它们的报道一方面减少了因意见分歧而与报道对象产生的潜在冲突，另一方面规避了语言个性化可能引起的不同意义诠释。[①] 得益于丰富的新闻资源，这些日刊型商业报纸从新兴媒介环境中获益良多，而在发展道路上遇到的阻碍则相对较少。

在 19 世纪 60 年代中期，电报线缆开始大规模从城市中心向外延伸，莫尔斯码的使用范围从奥德电报联盟（AGTU）及其周边地区扩展到了英

---

① 以犀利语言揭露和批评美国政府及社会腐败的"扒粪运动"是在 20 世纪最初 10 年才进行的，据此已经半个世纪后。

国。同时，英国电力电报公司（ETC）在政府力量的支持下致力于大西洋海底铺设电缆，以实现与北美大陆的连接。然而，在使用莫尔斯码进行信息传输时，海底电缆出现了线路两端信号不同步的问题，这导致接收端需要较长时间才能接收到信号并准确解码，有时甚至出现信号丢失的情况。为了解决这一问题，信号均衡处理技术应运而生。[1]

信号均衡的需求，揭示了不同编码体系在解决跨区域信号对接难题时面临的通用性挑战，同时也凸显了编码作为电报技术核心组成部分的重要性。自那时起，电报研究的关注点从设备形态的演变、电缆铺设的速度和覆盖范围等方面，扩展至编码。这一转变的意义，不仅在于从信息传播的技术维度确认了编码在跨越地域通信中的关键作用，也有助于初步理解编码走向国际化统一的背后动因。

与莫尔斯码同期，英国同时发展了库克-惠特斯通电报系统，但莫尔斯码凭借其适应信号均衡技术的能力，有效地解决了长距离传输中的信号衰减问题。最终，在大西洋两岸的电报编码竞争中，莫尔斯码占据了优势，被广泛用于商业通信。经过一系列的优化和简化之后，最终成为国际性的通信标准。

编码传递的贯通连接，为跨地域新闻的采集和传播带来极大优势。随之而来的是报纸行业开始更多地依赖全球各地的通讯员和多样化的新闻。及时性成为筛选新闻的关键标准，尤其是在组织新闻素材和话题时。记者必须能迅速从海量资讯中筛选出符合读者需求的内容，并进行标准化处理，以满足读者对"最新"资讯的渴望，而被报道的国际新闻能够快速在大城市中心散布开来，为公众提供及时的国际视角。

电报接收端完整无遗地复制编码后的信息，并将新闻的传播范围数倍放大，其结果是新闻和信息的报道价值被传播价值逐渐超越。

19世纪后半叶，英国和美国的商业报纸之所以能在新闻报道领域迅速崛起并占据主导地位，很大程度上归功于电报媒介的利用。《泰晤士报》是一个典型例子，它通过战地记者威廉·霍华德·拉塞尔（William Howard Russell，1820—1907）电报新闻稿获得了广泛的转载和报道，从而在克里米亚战争（1853—1856）期间成为在政治影响力方面最为显著的报纸，其媒介权威地位得以不断巩固。[2]

---

[1] Falconer D. History of equalization 1860–1980[J]. *IEEE Communications Magazine*, 2011, 49(10): 42–50.

[2] [加]哈罗德·因尼斯. 帝国与传播[M]. 何道宽译. 北京：中国人民大学出版社，2003：171.

这个时期，美国大都会地区的商业报纸业经历了一段史无前例的繁荣。这在很大程度上得益于电报技术的发明和普及。商业报纸的兴盛导致了社论在美国的影响力不如在英国那么显著。[①] 商业报纸的迅猛发展削弱了社论在美国的影响力，而在当时的英国，报纸社论仍然是塑造公共舆论和影响政策走向的重要力量。相比之下，在美国，社论的重要性逐渐被新兴的新闻报道所取代。作为一种新兴的传播媒介，电报开始改变新闻内容的部分特征和属性，并将其影响力扩展到整个新闻行业。

此时的电报技术在通信方式上来讲，是一次革命性进步，而它的编码传递则带来了信息环境和新闻流程的重塑，改变了新闻的传播速度和范围，同时改造了新闻的生产方式，进而影响整个社会的信息消费方式。

与之前专用于政府和军队情报及指令传递的扳臂编码相比，编码传递商业价格信息对新闻行业的影响，体现了媒介技术在内容传播边界上的新设定。在这种新的传播框架下，不同的报纸被置于同一信息环境，必须共同面对"是否最新"带来的生死评判。这导致报纸更愿意采取普适姿态来获取电报信息，至少这样可以确保它们在市场竞争中不被淘汰。因为在由编码传递定义的信息环境中，报纸的生存和市场地位在很大程度上依赖于其提供最新信息的能力。如果报纸无法及时更新其内容，就可能失去读者群，进而在行业中处于劣势。

为了应对信息涌现带来的市场竞争压力，报纸不得不摒弃耐心等待新闻到来的传统姿态，转而从电报网络中获取各种类型的信息。这一策略的转变意味着报纸不再仅关注特定主题，而是尽可能地扩大信息覆盖范围，确保其发布的新闻内容尚未被其他报纸报道过，以保证内容的独家性和时效性。

编码传递不仅改变了新闻的传播方式，也重塑了新闻的生产和取向，从被动接收信息转变为主动寻找和获取信息以满足对"最新信息"的需求。新闻的取向也从以前的专业化和深度报道，转变为覆盖公众生活的各个领域和话题。这不仅体现了电报和编码传递对新闻本质与功能的影响，也显示了媒介技术如何通过其特性和形态塑造社会结构和文化。

---

① [加] 哈罗德·因尼斯. 传播的偏向 [M]. 何道宽译. 北京：中国人民大学出版社，2009：142.

第三节　电报与新闻的行业融合

19世纪30年代之前，编码传递信息的方式并未渗透到新闻传播领域中。那时，报纸的主要目标是传递与本地居民息息相关的信息，而出售这些消息和情报是其主要手段。对于与本地关联性较小或来自外域的信息，其刊登与否取决于多重因素的综合考量。这种情况使得新闻和信息的搜集成为一个颇具利润的职业。然而，报纸的内容通常仅限于地方性的小事件或评论员的观点性评论文章，这使得报纸对人们日常的影响很小。

电报对报纸的影响既直接又显著。当商业报纸接收到电报编码带来的远方各个方面的信息内容后，普通读者开始认为电报是一种神秘而可靠的信息载体，借助于无声无息又看不见的电流，电报似乎无所不知、无所不能。尽管电报信息在传送过程中频繁地来回传输可能会导致内容上的不准确，但这些缺陷通常会被小心翼翼掩盖起来，使得读者和社会无法察觉，或者说并不在意。然而，对于报纸来说，情况就不同了，一旦报纸上的错误被证实，可能会有人认为是报纸故意刊播假信息。虽然电报传递的新闻与报纸自身的报道在错误的频率和程度上大致相当，但当时的公众舆论却倾向于认为，报纸本身的价值不大，它们最多只能作为展示电报信息的平台。这种观念的形成，无疑加剧了人们对报纸可信度的质疑，同时也反映出电报在信息传播中的重要地位。

电报的影响力超越了报纸。这种情况让报社编辑明白无误地认清了一个现实：无论信息来自哪个领域，只要是"电报消息"，就能调动读者的阅读兴趣，让他们产生强烈的求知欲；不与电报合作的报纸可能会在商业竞争中被淘汰，而它们的出路则在于积极主动地利用电报传播。在1846年至1848年期间，美国与墨西哥之间爆发战争，尽管战事信息的主要传递仍旧依靠传统的骑马和邮递方式，但已有记者定期将关键的战事报道送至最近的电报站点来传递出去。①《巴尔的摩爱国者报》率先使用电报报道消息之后两年左右的时间，商业报纸也都明白，能否获得新闻消息、获得多少和快慢成为他们生存下来的关键因素。

---

① Mott F. L. American Journalism: A History of Newspapers in the United States through 260 Years: 1690 to 1950[M]. New York: Macmillan, 1950.264.

一、新闻外在必然性的新体现

编码传播方式将新闻和信息视为一种独立的存在,这是超越新闻报道技术层面的媒介功能。信息的传递是由社会动态引导的,以满足公众交流的需求,并受到各个社会阶层文化发展的影响。信息传播不仅遵循传统的新闻报道准则,还涉及策略性的信息传递、内容的筛选与编辑,并综合考虑目标受众的预期和反馈。

这一过程既受到社会环境因素的影响,即外在必然性,也受到新闻行业自身性质和要求的制约,即内在必然性。廉价报纸将信息作为公共资源,实现了大众化的传播,使新闻不仅仅服务于社会的知识增进与公共事务参与,还植入了追求经济效益的商业模式。这一时期的新闻传播,围绕着政治、经济、文化和科技等领域,以低廉的价格满足了大众对信息的渴望。这是外在必然性的表现,它反映了新闻和信息传播行业在促进知识谱及与追求商业利益之间寻求平衡的努力。内在必然性指的是新闻和信息应该遵循事实准确性、客观性、公正性、权威性等一系列原则,以确保信息的可信度和公信力,表现为新闻和信息应当基于事实,而非虚构性的内容。

电报技术的兴起与报纸行业的快速扩张,在很大程度上得益于新闻和信息所承载的巨大商业价值。这一点引起了政府、财团和科学家群体的高度关注。尽管在早期,电子电报技术主要被政府和军事机构使用,类似于更早的扳臂电报系统,但它在商业新闻领域的广泛应用,极大地促进了电报与社会生活的紧密融合。商业新闻媒体对于即时新闻内容的迫切需求,为电报信息开辟了广阔的应用前景,这些新用途远远超出了其在铁路信号传输、政府公告或军事指令方面的传统应用。随着时间的推移,电报和报纸之间形成了一种互相依存的关系:报纸行业的繁荣带动了电报业务的兴旺,而电报业务的清闲则反映了报纸市场的萧条。1848 年 2 月,美国威斯康星州密尔沃基市(Milwaukee)建成了该州的第一条电报线路。在这之前,该市仅发行一份日报——《密尔沃基哨兵报》(*Milwaukee Sentinel*),始于 1837 年;而电报线路开通之后,日报的数量增加至 6 份。[①] 这种增长更多地是基于商业利润的驱动,而非仅仅是为了满足民众的阅读需求和偏好。新闻的传播本质意味着报社和记者的业务兴旺与电报技术的兴起是相互促进、互为因果的。

19 世纪 70 年代,美国高达 90% 的信息是通过西部联合电报公司(The

---

① Scharlott B. W. Influence of Telegraph on Wisconsin Newspaper Growth[J]. *Journalism & Mass Communication Quarterly*, 1989, 66(3): 710–715.

Western Union Telegraph Company，WUTC）的电报线路传输的。① 全球范围内，几家大型跨国通讯社凭借手中掌握的电报资源，② 几乎垄断了新闻和信息的来源与流通，从而成为全球事实上的信息掌控者。③ 在19世纪50年代早期，美国港口通讯社（AP通讯社）所提供的新闻和信息，就已经占据了当时所有主流报纸至少两个专栏。到19世纪80年代，在西部地区，报纸对港口通讯社的依赖程度已超过80%。④ 通讯社作为全球信息化进程中的阶段性产物，其全球性扩张构成了新闻传播发展的重要基石。它们的兴起彻底转变了报刊行业原本自给自足的新闻生产方式。⑤ 所有这些都是以掌握和使用编码信息为前提的。⑥

电报的出现显著改变了记者的角色。与新闻外在必然性变化相配合的是经过专业训练并从事专门信息收集的各类记者，他们的职业收入也相对较高。在19世纪中期，与记者队伍扩大相呼应的是刊载不同日常生活内容的新闻大幅扩张，其速度远超任何其他类型的报道。对于这种情况，卢特克（Melissa Ludtke，2011）以"同一社区"（One neighborhood）这一关键词所具有的特殊意义，⑦ 揭示了电报、信息、邮政局、电报公司、专业记者队伍和报社之间紧密的内在一致性。

这种对19世纪电报技术与新闻、信息关系的新解读，体现了信息对社会不同群体连接功能的深入理解。这一视角还被一些学者强化。钱德勒（Alfred D. Chandler，2000）等学者在研究美国早期社会时，使用了"信息时代"（Information age）和"信息技术"（Information technology）等词语来概括电报时期的社会特征，并且强调电报具有特殊性，与同时期其他工业产物不一样。⑧ 这种观点摆脱了电报技术仅仅以一种辅助性工具的形式帮衬报纸发展的过时观念。

不过，也有一些研究因为对电报技术及其发展特性缺乏细致探讨，导

---

① 丹·席勒，翟秀凤，刘烨，王琪，贾宸琰，季佳歆，方晓恬.信息传播业的地缘政治经济学[J].国际新闻界，2016，38(12)：16–35.DOI：10.13495/j.cnki.cjjc.2016.12.002.

② 刘琳.四大通讯社是私营的世界新闻批发商[J].国际新闻界，1989(1)：34–37.

③ 孙宝传.电报的发明与通讯社的产生[J].中国传媒科技，2011(11)：22–23.

④ Baron N. S. Alphabet to Email: How Written English Evolved and where It's Heading[M]. London: Routledge Press，2000.218.

⑤ 李彬.全球新闻传播史（公元1500—2000）[M].北京：清华大学出版社，2005．214.

⑥ 张莉，尤悦.传播全球化的早期历史回顾[J].渤海大学学报（哲学社会科学版），2004，26(3)：136–138.

⑦ Ludtke M. Links That Bind Us[J]. *Nieman Reports*，2011，65(2)：4.

⑧ Chandler A. D., Cortada J. W. A Nation Transformed by Information: How Information Has Shaped the United States From Colonial Times to The Present[M]. Oxford: Oxford University Press，2000.55.

致了一个常见的误区：过于匆忙地将信息社会的起始划归于计算机时代的兴起，从而忽视了电报技术，特别是电报技术中的编码传递信息对社会的影响。这种研究的忽略并非仅限于对电报技术自身的理解不足，还包括未能透彻展现电报编码与随后的信息技术革命之间的历史连续性。

二、价格信息向新闻的涌入

在 19 世纪初至中期编码技术的变迁中，当不同社会要素发生作用时，编码传递展示出了不同的媒介功能。在国家意志起主导作用的环境下，编码传递的信息是为了专用目的；而在公共商业因素起主导作用的环境下，执行的是社会公共信息的编码传递。因此，作为对"电报"一词的核心理解，"编码传递信息"构成的不是对技术单一制造能力的描述，而是一种技术与社会意义关联的综合表达。技术的变迁不仅体现了技术对社会环境的单方面依赖，它的运动是技术与社会形成的融合动力推动的。[①] 从这个意义上来讲，编码作为技术运动历史的一个部分，表现出相对明确的解释价值，因为它提供了从技术的社会形成来思考"信息起源"的角度。

经过陆地和海底电缆的传输，编码化的信息实现了广泛的地域间传播。统一的编码方式有效解决了因自然语言差异带来的语义理解问题，确保信息能够流畅地传达到每一个连接点的电报站。电报系统的编码传递方式为用户创造了前所未有的空间连接体验。因此，这种传递能力被优先用于服务于人们普遍认为的重要事务，吸引了众多普通信息接收者参与信息的传播，无论是为了从中获益，还是为了成为新思潮的追随者。从这个角度看，作为一种新型的传媒形态，电报的编码信息传播在推动集体的共同观念上发挥了显著作用。

19 世纪 50 年代后的电报业务已经广泛拓展，快速远距离地传递能力吸引人们对它趋之若鹜，电报信息数量也在快速扩大，内容涉及普通生活领域的方方面面。因而当时的信息搜集者看到这种现状时会发出议论：

试想将来的一些研究，通过这些旧纸堆记录中的翻找就能够拼绘出 19 世纪英国社会和商业生活的方方面面……那么到了 21 世纪的某天，还会有什么情况是从全体民众所发电报信息的记录中得不出来的？[②]

[①] 郑雨. 休斯的技术系统观评析 [J]. 自然辩证法研究，2008(11)：28-32.

[②] 作者不详. The London Quarterly Review[M]. Boston: Lilly and Wait, 1854.69.

这些记录了大量社会事件及其他信息的电报信息已经成为反映社会生活的另一种重要记载方式，就连文学创作者也纷纷将其中的内容作为写作的灵感来源。

电报网络的布局通常与城市的分布紧密相关。在人口稠密的城市，电报局设有更多的线路来发送信息。这些线路通常会汇总至主干线上，而较小的城镇或地区的电报局则将其线路连接到最近的主干线。每条主干线最终会与位于中心位置的电报局相连。尽管处于同一主干线上的电报局能够直接交换信息，但在交换机技术尚未出现的时代，不同主干线之间的信息传递必须通过中心电报局的手动操作来完成。随着交换技术的发展和普及，不同线路间的直连能力得以增强，信息流转变得更加便捷。此外，编码的使用进一步分离了信息本身与其物理载体之间的联系，这促进了日常信息的快速流通，并逐渐削弱了信息的地域限制。

社会的日常信息曾经主要依赖于口头和书面形式传播，这是语言和知识突破时空限制的重要表现。当这些信息被记录在电报纸条上以后，语言和知识被整合到同一空间中，推动了人们对"信息"这个概念的统一理解。其中，股票价格信息的编码传递发挥了重要作用，它引发了信息传播领域的以下改变：

首先，因为更容易获取信息，导致参与信息分享的人数快速增加。在商品交易中，电报编码使股票价格交易行为从具体的市场环境中独立出来，形成信息编织的交易环境。这个交易环境不再局限于过去固定地域范围内的市场参与者，而是可以包括电报线路覆盖范围内的任何人。

其次，在电报编码技术出现之前，尽管信息传播已经存在，但电报的传播特性和能力极大地扩展了信息交流的边界。这意味着，原先不在传播范围内的信息也被纳入了传播过程。电报网络构建了一个虚拟的交易平台，推动了商品实物与其价格的分离，使价格能够作为独立的元素在交易中流通而不再依赖实物。在确保股票权益的前提下，与股票相关的单据和合同都带有预期的价格，这使得它们具有了交易的可能性。尽管股票实际上可能存放在公司和企业中，但在电报编码连接的虚拟市场上，指向这些股票的市场价格却被频繁地交易。这些交易往往与股票的实际权益无关，双方更关注的是电报编码传递的价格信息。

最后，基于信息编码传递的规则，将"传递什么"转变为"如何传播"。当某个人拒绝将自己掌握的信息归入某种既定类别，即拒绝让自己的信息表达符合既定类别的属性和特征，那么其信息就无法变成规范信息制成品，也就无法进入电报网络传播的渠道，所以编码传递促成传播要素的形成。在股票价格交易中，专门的单据交易并不涉及对所指向的股票权益的现场交接。为了维持价格的可信度，唯一的办法就是将公司内部的信息公开化，并通过市场中的评价机制对股票代表的权益进行价格制定。在遵循这种信息"公共拥有"的基础上，股票权益通过价格标识信息被买来卖去。

当记录了价格的单据与股权相分离，交易就变成了一种将信息从股票权益中剥离出来的行为，即使价格信息属于商品，也并未向买方提供股权的实际转移。通过信息的公开，价格以各种形式出现，再通过电报编码传递到各个市场。因而股票价格交易是编码技术与信息传播成功接轨的典型代表。从技术对社会影响的角度看，这种交易方式是在依托技术强化的社会系统分工背景下产生的。作为一种可被量化的符号，它最终表现为一种反映现实环境的、不断运动的、标准化的、大众容易获取的信息制成品。①

从19世纪50年代中期起，主要的资本和商品价格传递已经完全依赖电报信息，电报成为商品价格信息流通的主要途径。一些电报公司，例如黄金与股票电报公司（The Gold and Stock Telegraph Company），因专为新闻代理机构、银行、大公司和经纪人提供最新的股票、黄金、粮油、棉花、石油报价以及其他财经信息，成为大型电报公司竞相收购的优质对象。②

不仅如此，为了增大销量，各主流城市中的大报在条件允许时，无一例外地会用整个版面来刊登股票和其他金融商品的价格行情，以迎合市场对这类信息的浓厚兴趣。这种价格信息的数量巨大，易于获取且成本低廉，基于数字表达而密集呈现，因而在当时发布的单类信息中占据了最大比例。

这种现象持续了相当长的时间，直到1898年，《纽约论坛报》等仍采用此法充实版面，增加发行量（图2-4黑色框区域）。正是由于这种信息需求，才促成了以搜集价格行情为主要业务的通讯社的出现（比较1844年《纽约论坛报》的价格信息篇幅，图2-5黑色框区域）。所以，如果没有能够独立流动的价格信息和能够快速高频传递这些信息的市场，早期的电报业务难以取得如此出色的发展。

---

① [美]詹姆斯·凯瑞. 作为文化的传播[M]. 丁未译. 北京：华夏出版社，2005. 176.
② Blondheim M. News Over the Wires: The Telegraph and the Flow of Public Information in America, 1844–1897[M]. Cambridge: Harvard University Press, 1994.283.

第二章 编码信息的公共传播转向

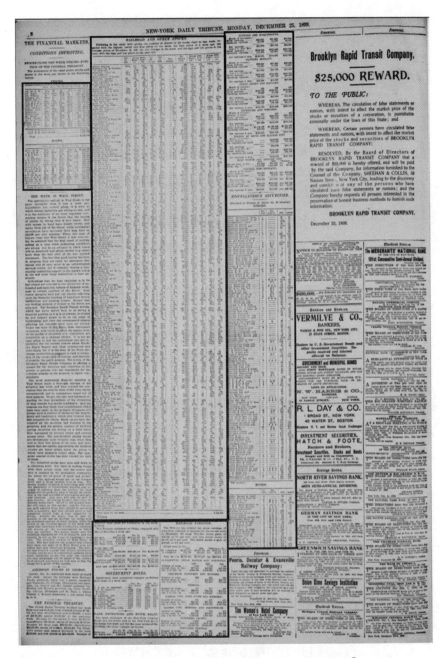

图 2-4　1898 年《纽约论坛报》刊登股票价格版面①

---

① 《纽约论坛报》1899 年 12 月 25 日第八版版面 [EB/OL]. 华盛顿：美国国会图书馆，New-York daily tribune. [2017–10–09]. https://chroniclingamerica.loc.gov/lccn/sn83030214/1899–12–25/ed-1/seq-8/.

编码与传播

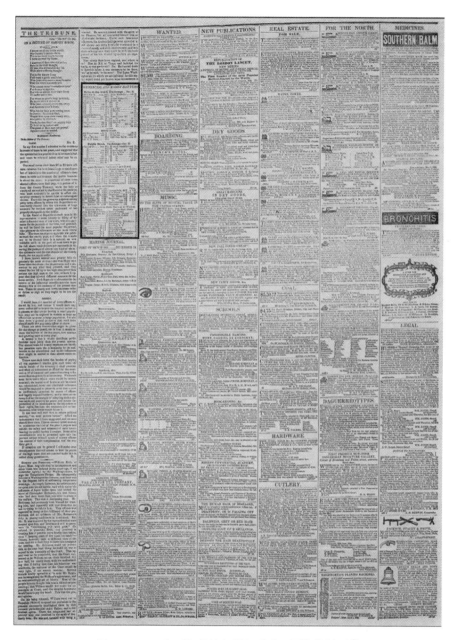

图 2-5　1844 年《纽约论坛报》刊登股票价格版面[①]

---

① 《纽约论坛报》1844 年 12 月 25 日第四版版面 [EB/OL]. 华盛顿：美国国会图书馆，New-York daily tribune. [2017–10–10]. https://chroniclingamerica.loc.gov/lccn/sn83030213/1844–12–25/ed-1/seq-4/.

三、商业报纸与电报新闻源的积极结合

规模较大的报纸首先与电报结盟，以尽可能形成信息来源方面的优势来维护市场地位。报纸头条新闻通常会加上"电报新闻"二字，而且用大号字体醒目地突出采集渠道的特殊性。这种做法不仅可以让新闻消息看起来时髦，同时还能显示自身在信息渠道上的领先地位。

《纽约太阳报》（*The New York Sun*）、《纽约先驱报》、《纽约论坛报》（*The New York Tribune*）和《费城公共记录报》（*The Philadelphia Public Ledger*）4份报纸，是最早一批不遗余力使用电报传递新闻和信息的商业报纸。第一个持续运作的电报站于1846年初在华盛顿建成，并向南延伸至弗吉尼亚的里士满，线路全长约220千米。[1] 为了使用这条线路，《纽约先驱报》组建快马队以确保及时连线，因为电报提供了比政府邮政更快的传递速度。1847年11月，该报策划利用电报传递辉格党领袖亨利·克莱（Henry Clay，1777—1852）在莱克星顿宣布竞选总统的演讲。次日，演讲内容被刊登在版面上。[2] 这种做法往往能取得良好的传播效果。在这些报纸的引领下，很快便有100多家地方报纸通过电报线路在短短一夜间获得议会的最新报道。之后不到5年的时间里，4份报纸中的《论坛报》、《先驱报》以及《纽约时报》已经成为全国性的报纸，向其他地方报纸提供转载内容已成为业界常态。这解释了尽管报纸版面增至八版甚至十几版，这些快速崛起的全国性报纸在新闻内容上仍展现出显著相似性的原因。

从19世纪50年代开始，为了赢得受教育程度更高和经济状况更好的读者群，《纽约先驱报》等将报道的方向主要集中在国家和国际的政治、经济、金融热点、政党斗争等方面的消息内容上。实际上，不仅是《纽约先驱报》这类报纸采取了这样的做法。19世纪中后期，随着第二次工业革命的高潮带来的社会活跃度提升，全球的电报线路不断扩展，为各大通讯社提供了源源不断的新闻内容。通讯社将这些新闻稿件输送给各大报纸，为它们在新闻类型和读者定位上的进一步细分创造了条件。报纸一方面强调电报新闻的重要作用，另一方面平衡新闻的娱乐性和信息性，以适应不

---

[1] Sloan W. D., Parcell L. M. American Journalism: History, Principles, Practices[M]. Jefferson: McFarland & Company, 2002.352.

[2] Blondheim M. News Over the Wires: The Telegraph and the Flow of Public Information in America, 1844–1897[M]. Cambridge: Harvard University Press, 1994.232.

同文化背景的读者需求。这种平衡催生了诸如"黄色新闻报纸""大众报纸"和"精英报纸"等新型报纸。这些报纸更偏好发布多样化、实时更新的电报信息，而不是评论性文章，以吸引读者。通过高效利用电报传递的密集新闻资讯，这些报纸抓住了读者的注意力，不仅提升了公众对社会公共事务的关注和参与，还在细分市场中构建了自身的话语权。

19世纪50年代至60年代，随着电报在新闻传播上的改进，能够传输更多、更详尽的内容，这使得报纸对电报的依赖愈发显著。由于电报能够持久、及时且丰富地传递远方或大洋彼岸的消息，这强化了远距离消息相比近距离消息在吸引读者上的优势。因此，报纸报道最新社会事件（越是空间距离远的越好）成为其不可或缺的功能，与信息传递、理论传道一样重要。如果报纸始终局限于报道局部新闻，那么像《纽约时报》这样的世界性和全国性大报，以及像纽约这样的新闻中心就无法形成，这也是党派报纸主导的年代未能出现这种新闻中心城市的原因。新闻中心是信息传播随着时间和地域的扩展发展到一定程度的结果，具备这种功能的城市基本上都是在商业报纸和电报高度结合之后才出现的。

报纸在极力利用电报系统的同时，也积极支持其发展。一些商业报纸为了在信息传递上获得优势，要么直接投资电报技术公司，[①]要么在业务上慷慨解囊。虽然不同报纸在信息的分类和传播内容上各有特色，但它们的运作模式却有共通之处：新闻主要是通过电报系统从专业的新闻供应机构获取，而不是主要依靠派驻外地的记者。在报社内部，编辑团队的职责是高效地处理和转化源源不断的信息流，将其编织成完整的新闻报道。这一过程更加强调对新闻材料的组织和主题策划能力，而非单纯的写作技巧。因此，负责编辑和整理电报新闻稿的部门在新闻机构中的重要性和影响力显著提升。[②]这种现象在电报新闻的早期发展阶段就已经显现出来。

1848年1月，《纽约先驱报》在向其员工的新年寄语中指出，仅在过去两周内，通过电报传来的新闻报道就已经累计达到了36栏的印刷量。[③]这背后的意图是在表明该类业务正在蒸蒸日上且热情持续不减。[④]1876年对卡斯特（Custer）探险队遭受屠杀事件的报道，充分体现了报纸对利用

---

① 电磁电报公司（MTC）作为美国第一批商业电报技术公司之一，《费城公共记录报》便是其创始董事成员，并在1850年直接全面接收了该公司。

② Mott F. L. American Journalism: A History of Newspapers in the United States Through 260 Years: 1690 to 1950[M]. New York: Macmillan, 1950.264.

③ 先驱报的每个版面是7栏，也是大多数美国日报当时的版面形态。

④ Hochfelder D. The Telegraph in America, 1832–1920[M]. Baltimore: Johns Hopkins University Press, 2012.98.

电报进行报道的热情。这一年中，《俾斯麦论坛报》(The Bismarck Tribune)的编辑、《纽约先驱报》的兼职记者劳恩斯伯里（Clement A. Lounsberry），派出几名手下参加了卡斯特探险队的远征，其中的一名记者马克·凯洛格(Mark Kellogg)在事件中遇难。当其他记者乘坐蒸汽船将整场事件的情况带回《俾斯麦论坛报》时，劳恩斯伯里迅速将所有信息编辑成报道，通过电报将其发送给《纽约先驱报》。① 这条独家新闻使得《纽约先驱报》的销量在接下来的 4 天内遥遥领先其他报纸。

在 19 世纪 50 年代初，亚历山大·琼斯在观察电报引起的社会现象时明确指出，与报社合作是电报公司当时的主要业务方式。第一条电缆一旦架设完成，就已经成为报社获取新闻的重要媒介，特别是股票信息。新闻和信息日益密集传递所产生的收费为电报信息的扩张提供了源源不断的资金。电磁电报公司（The Magnetic Telegraph Company，MTC）在其第一条电报线路投入使用时，就为报纸提供了优惠政策，对于超过 100 个单词的部分，只收取规定价格的 30%。②

在 19 世纪 30 年代以前，电报的"时尚"和"科技"标签往往比其实际功能更受人们关注，与其说是报纸使用了电报，不如说是电报信息为报纸的新闻传播带来了好处。19 世纪中期以后，在新闻产业的崛起过程中，报纸利用电报编码传递信息的做法持续加强，电报逐渐成为商业报纸获取信息的常规途径。

尽管商业报纸的兴起和发展主要得益于新闻的商业运作，但它与电报的结合无疑是一次具有历史意义的相遇。正如 19 世纪初率先采用新印刷和造纸技术一样，商业报纸对涟漪般扩散开来的电报信息也积极地迎接。蒸汽动力转轮印刷机和造纸技术的革新，为商业报纸的迅猛发展提供了必要的前提，但只有拥有充足的信息量供应，出版商才能大量快速地出版报纸。1840 年美国报纸全年发行量不到 20 000 000 份，而到了 1860 年，周刊和日刊的全年发行量已接近 90 000 000 份。③ 这种显著增长与日益增加的流动在全国电报线缆中的信息密不可分。

---

① Mark Kellogg's Prequil to the Battle: A reporter's account of riding with Custer into the Battle of the Little Bighorn[EB/OL]. The New York Herald. 1876 年 7 月 11 日报道 [2023–08–20]. https: /www.astonisher.com/archives/museum/mark_kellogg_big_horn.html#note.

② Jones A. Historical Sketch of the Electric Telegraph: Including Its Rise and Progress in the United States[M]. New York: G. P. Putnam, 1852.114.

③ Ratner L. A., Teeter D. L. Fanatics and Fire-eaters: Newspapers and the Coming of the Civil War[M]. Chicago: University of Illinois Press, 2003.9.

第三章 19世纪中期编码传播的主导地位确立

　　从18世纪末至19世纪中叶，欧洲社会历经了一系列剧烈变革，这对信息编码及其传播手段带来了显著影响。这种影响并不简单地体现为社会在信息传输方式上的单方面改变。随着信息编码和传播手段日益成为新闻和各类信息传递的核心方式，这些技术不仅开始塑造信息的传播速度和范围，而且对信息的内容及其表达也施加了特有的影响和制约。这一变革在很大程度上归因于报纸对电报编码信息的积极采用和传播。而这种结合又推动了编码信息传输方法在社会各个层面的广泛认知与应用。这一融合不仅加速了信息的流通，也重塑了信息的生产和消费方式。

　　从19世纪50年代起，这种技术的影响已经深入到人们的日常生活中。在遇到重要或紧急事件时，人们通常会首先考虑将信息迅速发送至最近的电报局。尤其在那些频繁依赖电报系统的行业中，信息的处理和传送方法经历了革命性的变化，从而使得这些行业的工作模式及日常操作出现了相应调整。因此，电报在社会、经济以及文化的多个领域中开始展现出日益增强的影响力。

　　对于新闻和信息传播领域，电报的影响更为显著。电报信息传递在社会中普及的时期，恰逢商业报纸逐渐兴起，这为两者之间形成紧密合作提供了难得的机遇。新兴的商业报纸以及新闻代理机构洞察到一个巨大的市场机遇，开始积极地采取行动以迎接变革。《每日电讯》（*The Daily Telegraph*）在1855年创刊后，得益于电报供给的消息，迅速崭露头角，逐步发展成为英国极具影响力的报纸之一。成功利用电报传播信息的报纸迅速成为新闻行业的典范，它们生动地展示了电报编码和信息传输技术在当时对于获取和传播新闻所提供的巨大助力。

　　信息编码技术在电报、新闻社和通讯社等新闻媒介之间催生了一种不对等协同的新模式，这个模式随着时间的推移不断地发展和成熟。电报编码作为一种信息传播手段，不仅提高了信息传递的效率，而且在新闻分发的权力体系中扮演了核心角色，其重要性得到了进一步的强化。这种核心地位的增强源自它作为技术平台的独特优势，不仅为新闻行业引入了革命性的信息传递工具，同时也导致了报纸和其他新闻媒体对它的依赖程度加深。这种依赖关系双刃剑般地作用着：一方面，它赋予新闻机构获取更广泛、最新的新闻信息的能力，这对于在市场竞争中取得优势极为关键；另一方面，新闻机构对它过度的依赖可能会影响报道的多样性和深入性。

值得注意的是，技术、社会结构和商业模式在信息传播中的这种不对等协同并不是固定不变的，而是呈现出一种加强和深化的动态过程。这主要是因为新闻机构在市场竞争的压力下，对于及时和丰富的新闻内容有着不断增长的需求。这种需求又进一步激励了编码传递技术如电报系统的广泛应用和持续创新。这样的相互促进形成了正反馈循环，不断地加固了信息编码技术与新闻传播权力结构之间的密切联系。

第一节 编码传递对新闻传播两大要素的强化

自1844年《巴尔的摩太阳报》首次发布电报新闻以来，利用这种技术获取新闻逐渐成为丰富和增强新闻媒体内容的关键手段。电报为新闻和信息的传播带来了前所未有的时效性和丰富度，这极大地提升了报纸的发行效率和覆盖范围。正因为这些显著的优势，报纸行业始终保持着对电报技术的积极采纳和主动适应的态势。这使得电报新闻在相对短的时间内就建立起了广泛的社会影响力，并进一步奠定了编码传递技术在新闻和信息传播中的主导地位。

迈克尔·埃默里在《美国新闻史》中指出，便士报业变革的重要前提是革新的印刷与造纸技术、知识阶层的迅速扩大以及社会民主活动的推动与鼓励。这些因素共同促使了便士报业的兴起和发展。[①]尽管书中没有特别强调电报新闻的优势，但它为我们理解新闻传播的现代化进程提供了有价值的启示：便士报纸的变革开启了一个新时代，在这个时代中，报纸的生存与获取新闻信息的速度和数量之间形成了密不可分的内在联系。

19世纪40年代，工业资本社会处于飞速扩张阶段，社会朝着更细分的方向迅速发展，个体与社会的关系在这一过程中变得更复杂。这一演变使得社会公共事务与个人社会事务之间的界限变得模糊，从而引发了对两类信息的巨大需求：一类是与经济、政治相关的；另一类是与商业、日常生活和社区信息相关的。这种需求为商业报纸的快速发展创造了条件，恰

---

① 《美国新闻史》，迈克尔·埃默里等著，展江等译，新华出版社1982年首版，2009年中国人民大学出版社第9版，我国内地关于美国新闻运动理论的主要教材。

逢此时，编码技术的出现为这两者带来了巧妙的结合。因此，以出售新闻为主要目标的商业报纸，在已经建立起的媒介效应基础上，对19世纪40年代新兴的电报信息采取了开放而主动的态度。编码传递的新闻则通过深入挖掘国家和社会事件在"空间"和"时间"上具有的突出意义，为政治、军事和其他重大事件赋予新再现价值，使商业报纸具备了内容上频繁更新的素材基础。

一、对"时间要素"的强化和突出

重大的社会变化和历史事件，尤其是那些对国内外产生重要影响的事件，一直是新闻报道的热点。19世纪中期，电报技术的应用扩展正值一连串重要事件频发之际。借助对这些事件的报道，新闻业界对使用电报传递信息表现出了持续的关注和积极的采纳。这种由社会需求促成的热情，促进了电报向大众新闻传播媒介的转变。

作为新兴的商业报纸，《巴尔的摩太阳报》是早期成功利用电报产生显著传媒效应的典型代表。1844年5月，在巴尔的摩举行的民主党全国代表大会因总统竞选人的提名争执而陷入僵局，为新式电报系统的崭露头角提供了历史性机遇。5月29日，美国民主党总统候选人提名大会在巴尔的摩举行，而《巴尔的摩太阳报》则在事先精心安排下，实现了对华盛顿国会山的近乎现场报道。韦尔在巴尔的摩的现场，通过电报向在华盛顿国会山等候的莫尔斯报告大会现场的选举情况。当韦尔得知被提名者为"詹姆斯·诺克斯·波尔克"（James Knox Polk）①时，他立即将这一消息发送给在64千米外等候的莫尔斯，莫尔斯迅速将赛拉斯·赖特（Silas Wright）拒绝担任副总统职位的决定反馈给韦尔。从两人获得消息到互相发送并确认，前后只用了仅仅30分钟。②由于詹姆斯·波尔克此前相对不为人知，加之《巴尔的摩太阳报》利用电报这一工具在极短时间内实现了两地消息的互传，出人意料的结果为这则新闻创造了轰动效应。③

电报所具有的新型媒介属性不仅给政党代表们留下了难以磨灭的印象，也让新闻界感到惊叹。之后，政界核心层成员开始不断通过电报发送指令，以实施对总统候选人任命的权力争夺，这进一步提升了电报在该事

---

① 詹姆斯·波尔克（James Knox Polk，1795.11–1849.1），1845.3—1849.3任美国第15届总统。

② Morse E. L. The District of Columbia's Part in the Early History of the Telegraph[J]. *Records of the Columbia Historical Society*, Washington, DC, 1900, 3: 161–179.

③ Lambert R. S. The Democratic National Convention of 1844[J]. *Tennessee Historical Quarterly*, 1955: 3–23.

件中的媒介地位。5月底，国会大厦的电报房间已成为各级官员打听总统候选人提名消息的主要场所。1845年3月，《巴尔的摩太阳报》再次利用电报，实现了与华盛顿报纸几乎同步的速度，报道了波尔克当选总统的新闻。①

这是在美国第一次利用电报传递的政治新闻。与库克－惠特斯通电报在社会公共事件中引发的关注相比，政治事件在提升莫尔斯电报知名度方面发挥了更为关键的作用。政治事件作为天然的、引人关注的新闻主题，其所激发的公众兴趣和辩论为电报技术带来了空前的关注。因此，政治新闻的传播成为推动莫尔斯码广为人知的重要动力之一。

1846年5月，《纽约太阳报》获得并发布了总统波尔克对墨西哥宣战的消息。这是一次独家报道，更重要的是，它是通过电报传递而实现的。接下来的持续关注和报道，电报产生了几乎让报纸直连现场的作用。1847年，"维拉克鲁斯战役"这一关键性战役的消息，最初是通过《纽约太阳报》使用电报传达给美国总统波尔克的，而国防部随后才将战场情况报告给总统。②《纽约太阳报》通过此举为电报的新闻媒介身份做了很好的宣传。尽管在此之前对电报传递新闻的一些看法基本属于怀疑论，但这家商业报纸的行为促使其他报社开始放下疑虑，采纳并使用电报技术。

新奥尔良市的首份廉价日报《新奥尔良皮卡尤恩报》(*The New Orleans Picayune*)③在整个战争新闻报道中更是走在最前列，开创了使用电报传递战场新闻的先例。该报的乔治·威尔金斯·肯德尔（George Wilkins Kendall，1809—1867）是与美国军队一起随行的记者团成员之一。与其他记者不同的是，肯德尔筹划了一个快递系统：首先由骑手将肯德尔的报道从墨西哥内地带至墨西哥湾港口，再用轮船把报道运送到新奥尔良，接着这些消息由随时待命的60名骑手快马传递到弗吉尼亚州的里士满的电报线路南端，最后由电报把这些消息传到纽约和华盛顿。到战争结束时，这个快递网络可以在17天内把墨西哥城的消息传递到华盛顿。④借助电报系统的编码传播，新闻发挥的作用甚至超过了公共邮政和军队情报系统。

---

① McCormac E. I. James K. Polk, A Political Biography[M]. California: University of California Press, 1922.238.

② Williams H. A. The Baltimore Sun, 1837–1987[M]. Baltimore: Johns Hopkins University Press, 1987.23.

③ 成立于1837年。

④ Sloan W. D, Parcell L. M. American Journalism: History, Principles, Practices[M]. Jefferson: McFarland & Company, 2002.239.

第三章　19世纪中期编码传播的主导地位确立

1861 至 1865 年的美国南北战争期间，电报与新闻的结合进入了快速发展的显著阶段。内战刚刚开始，政府就成立了专门电报部队，在整个战争期间北方一共铺设了 24 000 千米，南方铺设了 1 600 千米的线路，庞大的工程构成了战争的重要组成部分，围绕战场产生了超过 6 000 000 份电报。① 这导致商业报纸不惜改变自身的形态来接纳数量极为丰富的新闻素材。

不仅新兴商业报纸，传统大报也开始主动使用电报系统。

1845 年 5 月，《纪事晨报》(The Morning Chronicle) 刊登了英国历史上的第一则电报新闻。该报道涉及伦敦与朴茨茅斯之间铁路并轨的一次重要会议，消息是通过库克 – 惠特斯通五针电报系统传输的。一位亲历者在事后回忆中这样描写了电报现场的情况：

> 静止的指针突然搅动，发出响亮的报警声，第一批情报信息传来了。我们欣喜地注视着我们的朋友——神秘表盘——那张沉默寡言的脸，开始快速在笔记本上记下从大约 90 英里（约 144 千米）外传来的词句。②

此后，电报逐步在新闻领域扮演起核心媒介的角色。

《泰晤士报》是第一份连续使用电报文稿来报道战场状况的新闻报纸。克里米亚战争爆发后，英法盟军从连接奥地利内陆的布加勒斯特开始，架设了一条通往黑海瓦尔纳港（Varna）的远程电报线路。1854 年 2 月，新闻记者拉塞尔随英军一同抵达马耳他，并开始利用这条线路每日向《泰晤士报》发送战场报道。

这一事件标志着电报作为新闻媒介展现其变革性作用的一个关键历史时刻。电报这项技术具备实时跨越远距离传输信息的能力，永久性地改变了新闻报道的方式。依靠编码信息的传递，记者能以前所未有的速度报道战事，对公众意识的塑造和政府的决策产生了直接且巨大的影响。新闻行业再也无法忽视电报对自身业务正在带来的改变。

英军在战场上的主动进攻策略导致了严重伤亡，然而官方报道所传达的基调主要是"英勇无畏，屡有捷报"之类，对于严重的伤亡数字则有意隐瞒。政府的这种故意遮掩行为却为报纸提供了用武之地。借助电报新闻的传递，战场境况的另一面被揭示出来：本国士兵在战场上正在面临着死

---

① Henderson H. Communications and Broadcasting: From Wired Words to Wireless Web[M]. New York: Chelsea House Publishers, 2006.11.

② ARCHER C. M. Guide to the Electric Telegraph; Shewing the Everyday Practical Utilities ... Available Through Its Medium, With Scale of Charges for Messages, List of Communication-stations, etc[M]. London: W. H. Smith & Son, 1852.49.

于饥饿、伤员严重感染等本应解决的不合理危机。公众对于政府不作为而造成过错所产生的关注程度,远远超过对战场胜利的报道。这种报道方式标志着当时报纸新闻关注侧重点的一个转变,因为《泰晤士报》过去主要是作为某些重要人物表达思想或声音的载体,而拉塞尔的电报稿件改变了这种做法。他不再只是报道宏观战略的得失,同时也将普通家庭的不幸、战场的惨烈和巨大的牺牲,以公共传播的方式呈现给社会。

电报作为新型媒介,为社会提供了从未有过的公众互动和沟通的途径,其情境再构为公共阅读提供了新的意义空间。战争报道激起的强烈舆论不仅促使政府重新思考和布置其战略,还鼓励了像弗洛伦斯·南丁格尔(Florence Nightingale,1820—1910)这样的普通公民积极参与到历史事件中。南丁格尔召集志愿者积极投入到战场的救死扶伤,并借助政府改革创立了延续至今的现代医护制度。拉塞尔成为《泰晤士报》的英雄及战地记者的楷模,同时也是第一位充分利用电报作为大众传播媒介的实践者。

在正面颂扬和反面批评的双重声音中,国家事件开启了电报与新闻密切合作的大门。[①] 尽管在 19 世纪中叶,新闻报道在涵盖犯罪、新立法、灾难等常见议题时,内容选择上并未显现出太大的区别,但从那时起,一个显著的转变出现了:政治、政府以及军事领域的报道不仅在数量上增长了,同时在细节上的描绘也变得更为深入和详尽。这一趋势与电报传递信息的频率与速度的持续提升密切相关。

19 世纪末,新闻报道在这些领域的深入和专注开始产生独特的影响,比如对战争的专题报道。战争新闻之所以能够在传播效果上显得格外突出,主要是因为它们能够为读者提供震撼的阅读体验,满足公众对于重大事件深度解析和即时信息的需求。这类新闻首先具有很好的心理接近性。在普通市民看来,胜利勋章没能佩戴在自己的儿子或丈夫的胸前,但不应有的死亡威胁却在向他们的每个亲人逼近。基于这种逻辑前提,"政府犯错"与"军队得胜"两者相比较,表达前者意图的消息要更具有天然的亲民属性。这种属性本质上是对自己及相近者命运的关注与焦虑。

地理上的邻近性增强了新闻的现场感。在当时的电报网络环境下,利物浦、约克、曼彻斯特、利兹、布里斯托、伯明翰以及赫尔等城市,已经可以像伦敦一样迅速而方便地接收到战场的最新消息。及时传递的文字提供了一种在同一时间、同一空间拥有共同情境的机会,人们争相讨论所阅

---

① Thompson R. L. Wiring a Continent: The History of the Telegraph Industry in the United States, 1832–1866[M]. Princeton: Princeton University Press, 1947.220.

读的事件，正是实现了同一时间和空间的存在感。电报新闻带来的同步存在感，是阅读书籍时由于时间和空间上的距离限制而无法实现的。

为了维持和提高电报传送新闻和信息的稳定性，新闻传递采取了固定占用电报的方法。1850年9月，《纽约先驱报》开始固定租用电磁电报公司（MTC）的两条电缆，从而建立了电报系统的新闻专用线路。这种固定租用的做法一直在持续并且逐渐加强。1867年，西部联合通讯社（The Western Associated Press，WAP）以年付60 000美元的价格购买了西联电报公司（WUTC）提供的每天6 000个单词的专属服务，并在随后几年逐步增加到每天10 000个单词。1870年，《纽约论坛报》得到西联电报公司的业务支持，即使在业务繁忙时，这家最大的电报公司也会在下午5点至凌晨2点之间为报纸提供华盛顿特区和纽约之间的线路独享。1891年，美联社（The Associated Press，AP）通过租用电缆收发的新闻报道平均每天超过40 000个单词，已经是1880年西部联合通讯社日均消息量的4倍。

在电报应用之前，一条消息跨境传送若需一个月时间才能到达，报纸通常会再用一个月时间来仔细思量和等待其他消息的到来，然后决定出刊。当电报系统的瞬时传播能力，为已经建立连接的不同地域的人们提供近乎同步的情感体验时，便成为人们愿意主动接近的媒介。记者可以在任何国家的电报局发送信息，同时新闻协会和主要大报也与电报中转办公室建立了直接联系。莫尔斯码的简易操作使得操作员可以快速切换线路，必要时几分钟内即可建立新通路。

对比1839年至1899年间新闻事件发生与在纽约报纸上报道的时间差：19世纪60年代之前，报纸依靠信函和剪贴报道，消息传播时间差通常为2.5至4天。60年代之后，国内外新闻发生与报道的时间差开始大幅缩小，到1879年滞后时间大约是1天半，1899年则缩短到半天左右。[1]

电报的出现迫使报纸放弃慢条斯理的习惯，转而侧重于快速的信息选择。电报对"时间要素"的持续呈现能力，引导新闻向"现场"展开"无限"式的接近。

二、对"外域"概念的强化

统一的点划式编码减少了地理孤立对信息传播的限制，使外域信息成为新闻的重要内容。1844年5月24日，莫尔斯电报的编码信息发送成功，

---

[1] Rantanen T. The globalization of electronic news in the 19th century[J]. *Media, Culture & Society*, 1997, 19(4): 605–620.

编码与传播

《纽约先驱报》的通讯员在经过三天的观察后，对这项技术发出以下感叹：

> 在此之前，从来没有人能确定地知道40、100或500英里（约800千米）之外的遥远城市正在发生着什么。①

言外之意，如今要了解遥远地区发生的事件已变得轻而易举，因为信息传播已经克服了由距离带来的传递障碍。在场的高级官员目睹了莫尔斯码在信息发送和接收过程中的应用，每个人都明白这种方式不会将一个遥远而公共的"GOD"误传为一个近在咫尺且私人的"DOG"。大小组织和社会机构对媒介的这种普遍信任是前所未有的。

随着信息编码传递的范围从政府机构和军事专业领域扩散到一般商业界，它开始在铁路运输等关键行业发挥着日益重要的作用。因此，在处理事件、铁路系统以及火车之间的信息流通时，不再只着眼于局部的信息交换，而是采取空间和时间跨度更大的综合视角。

这是一种具有系统性的转换。在电报之前的快马年代，信息流动的基本特征是尽可能清晰地描述情况，以便接收方可以准确理解并执行，其传播的范围有限，信息只能分段处理，因而更多是在局部地区起作用。但面对交叉复杂的线路不断伸向广袤地域，立足于局部问题的解决方案只能捉襟见肘。电报能够远距离瞬时将信息传递到位，对各方要素能够进行调度甚至重新整合，这样可以降低局部问题在整体环境中的作用，从更广范围内、更快速度上为所遇到的问题提供一致性的解决方案。

报纸作为一种承载和反映社会公共意见的媒介，表明人们已经普遍接受了电报这一新技术，并认可其作为'可信媒介'的地位，对于这种陌生事物的抗拒感已大幅减少。一些好奇的市民甚至探究电报机和线缆的工作原理，试图理解这些设备是如何实现将一串串字母传递至远方，而非依赖骑马递送。毕竟，面对素未谋面的高科技新媒介，习惯了"击鼓传花"式进行信息传播的人们，一时难以接受既"听不到鼓"也"看不到花"的现实。社会对电报的热情减少了建设电报线路基础设施的阻力，使得普通城镇在短短2至3年内便被"蜘蛛网一样的网络"覆盖连接。

针对电报带来的这种空间概念的影响，媒介工作者纷纷乘势发挥特长，撰写了关于电报系统使用方法的各类文章，宣扬电报系统的各种显而易见和潜在的意义，提倡信息编码传递的多种好处，使社会普遍认为不

---

① Washington. Correspondence of the Herald.[EB/OL]. 华盛顿：美国国会图书馆，《纽约先驱报》1844年5月28日版 [2017–10–11]. http://chroniclingamerica.loc.gov/lccn/sn83030313/1844-05-30/ed-1/seq-4/.

使用电报就会被时代淘汰。出版业要想维持并扩大其影响力，必须加入到电报的使用者之中。于是一些报纸干脆高调标榜其紧密追随新通信技术，其手段之一是将“电报”这个词汇融入报纸名称，这样做的目的是强调自己与最快、最新、最先进的信息传递技术沾亲带故，有能力将海外或远方异域的信息传递至眼前。在这个时期，较大城市的新增报纸数量较多。在命名报纸时，一方面要避免与其他报纸重名，一方面又要使用“电报”一词以增强其时代感和权威性，因此这是一项挑战。

电报每延伸到新的地区，当地报纸都会不断使用“神奇”“异乎寻常”等大量易于激发想象力的形容词和副词来表达这一技术与其他媒介的不同，用“上帝的思想”来形容电报线缆中传递的信息，用“空间消解”引起的“革命”来定义这一技术事件的历史意义。这些措辞通常都会强烈激发读者的好奇心。

1844 年 5 月 26 日，《巴尔的摩爱国者报》（*The Baltimore Patriot*）报道了巴尔的摩至华盛顿之间通过莫尔斯码成功传递信息的事件，并在文章结尾评论道：“这真是空间的消解”（This is indeed the annihilation of space）（图 3–1 黑色框域）。

1846 年 5 月，随着电报线缆即将铺设至罗切斯特，当地报纸便开始向市民宣扬即使“相隔数百英里”，人们也能实现“即时”通话。同样，辛辛那提的报纸也向读者宣称，电报的引入实现了即时与东部各大城市的通信，让人们得以接触到平常难以见到的世界。报

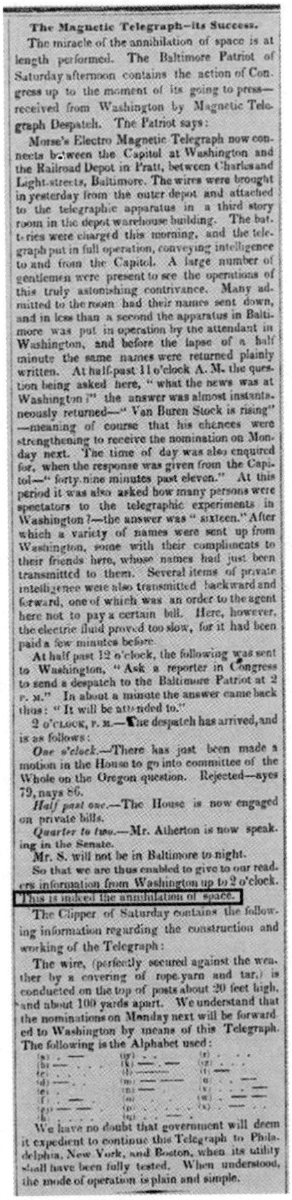

The Magnetic Telegraph—its Success.

The miracle of the annihilation of space is at length performed. The Baltimore Patriot of Saturday afternoon contains the action of Congress up to the moment of its going to press—received from Washington by Magnetic Telegraph Despatch. The Patriot says:

Morse's Electro Magnetic Telegraph now connects between the Capitol at Washington and the Railroad Depot in Pratt, between Charles and Light-streets, Baltimore. The wires were brought in yesterday from the outer depot and attached to the telegraphic apparatus in a third story room in the depot warehouse building. The batteries were charged this morning, and the telegraph put in full operation, conveying intelligence to and from the Capitol. A large number of gentlemen were present to see the operations of this truly astonishing contrivance. Many admitted to the room had their names sent down, and in less than a second the apparatus in Baltimore was put in operation by the attendant in Washington, and before the lapse of a half minute the same names were returned plainly written. At half-past 11 o'clock A. M. the question being asked here, "what the news was at Washington?" the answer was almost instantaneously returned—"Van Buren Stock is rising"—meaning of course that his chances were strengthening to receive the nomination on Monday next. The time of day was also enquired for, when the response was given from the Capitol—"forty-nine minutes past eleven." At this period it was also asked how many persons were spectators to the telegraphic experiments in Washington?—the answer was "sixteen." After which a variety of names were sent up from Washington, some with their compliments to their friends here, whose names had just been transmitted to them. Several items of private intelligence were also transmitted backward and forward, one of which was an order to the agent here not to pay a certain bill. Here, however, the electric fluid proved too slow, for it had been paid a few minutes before.

At half past 12 o'clock, the following was sent to Washington, "Ask a reporter in Congress to send a despatch to the Baltimore Patriot at 2 P. M." In about a minute the answer came back thus: "It will be attended to."

2 O'CLOCK, P. M.—The despatch has arrived, and is as follows:

One o'clock.—There has just been made a motion in the House to go into committee of the Whole on the Oregon question. Rejected—ayes 79, nays 86.

Half past one.—The House is now engaged on private bills.

Quarter to two.—Mr. Atherton is now speaking in the Senate.

Mr. S. will not be in Baltimore to-night.

So that we are thus enabled to give to our readers information from Washington up to 2 o'clock. This is indeed the annihilation of space.

The Clipper of Saturday contains the following information regarding the construction and working of the Telegraph:

The wire, (perfectly secured against the weather by a covering of rope-yarn and tar,) is conducted on the top of posts about 20 feet high, and about 100 yards apart. We understand that the nominations on Monday next will be forwarded to Washington by means of this Telegraph. The following is the Alphabet used:

We have no doubt that government will deem it expedient to continue this Telegraph to Philadelphia, New York, and Boston, when its utility shall have been fully tested. When understood, the mode of operation is plain and simple.

图 3–1 1844 年《巴尔的摩爱国者报》对莫尔斯电报现场的报道全文①

① 《纽约论坛报》1844 年 5 月 27 日头版转载文章 [EB/OL]. 华盛顿：美国国会图书馆，*New-York daily tribune*. [2017–10–11]. https://chroniclingamerica.loc.gov/lccn/sn83030213/1844–05–27/ed-1/seq-1/.

纸利用东西部地域间巨大的空间跨度，激发人们积极地运用想象力来认识和了解陌生的社会。报纸的宣传激发了城市人群对电报的浓厚兴趣，多数人积极学习其使用方法。即便是那些曾经怀疑过电报传递信息的人，也常被报纸的影响力所说服。人们不再怀疑这一技术的价值，反而认为这是历史上最重大的事件。

电报热情持续高涨，到了19世纪50年代，统一编码已经实现了对各地区的广泛连接。此时，《巴尔的摩爱国者报》提出的"空间消解"概念已无法全面解释电报对远距离地域关系的影响，"时间和空间的消解"成为探讨电报如何推动城市文化变革的新专题词汇。[1]

各类书籍、杂志则不遗余力地挖掘电报技术展示的各种非凡表现。《密苏里政治家周刊》（The Weekly Missouri Statesman，1850）、《科学美国人》（Scientific American，1852）等刊物利用其评论的优势，向社会展示电报系统是智慧与劳动的结晶，强调其对社会的巨大影响既"非凡"又"深刻"，完全可以与蒸汽机的发明与改进相媲美。这一切都旨在说服人们接受电报技术带来的社会变革。像《电报轶事》（Anecdotes of the Telegraph，1848）等衍生作品，同样受到了各类中小出版机构的热烈追捧。[2] 实际上，当时的报纸也经常以电报系统的有趣故事为重点报道内容，有时是传达技术的最新进展，有时则仅仅为了吸引读者而创作故事。通过新兴媒介的报道手段，超越个人直接体验的社会生活内容可以轻而易举地成为公众共同关注的热点议题，这种策略在实践中被证明是非常有效的。

这很容易理解，作为一种连接广阔空间的存在，编码传播不仅大幅缩减了传统信息传播所需要的空间和时间，还改变了传统思维中的时间和空间概念。编码传播广泛应用以前，除了在特定范围使用烟和光的手段表达，其他方式的信息传递必须要完成实体物质的同步转移。在这样的背景下，"传播"（communication）一词也包含了交通运输的含义，因为信息的传递与实物不可分离。信息的传递过程被太阳的方位分割为若干区间段，从太阳刚升起的"早晨"开始，到太阳落下时应当停步休息的"傍晚"，这个空间距离被限定在了一日之内。即使在工业革命时期，大规模应用的蒸汽机车解决了长途快速运输中夜间停歇的问题，最轻便的信函仍需耗费数天、数周，甚至数月才能抵达目的地。然而，能够跨河越海的电报信号使

---

[1] Pred A. Urban Growth and the Circulation of Information: the United States System of Cities, 1790–1840[M]. Cambridge: Harvard University Press, 1973.38.

[2] [英]汤姆·斯丹迪奇. 维多利亚时代的互联网[M]. 多绥婷译. 南昌：江西人民出版社，2017. 94.

得信息即使隔着千里，也能在瞬间传递到达。这种速度的提升不仅仅是火车相对于马匹的几倍速的提升，而是实现了数量级上的飞跃。这个跨越使人们认为，空间距离造成的障碍已不再是问题。

除此以外，信息在广阔地域间的瞬时传递还实现了位置的转换，使得"传播"与"运输"在概念上得到了清晰区分。在编码传递信息广泛应用之后，信息脱离实物，通过迅速扩展的电报线缆抵达了以前无法触及的地方，以潜移默化的方式改变着所及之处人们的观念。传播在理论的解释上也发生了变化。扳臂电报系统的使用标志着信息从"运输"向"传递"的过渡，而电子电报进一步促使信息从"传递"向"传播"转变。电报编码以符号形式表现，使信息不依赖运输工具，并突破局部地域在广阔空间里快速传递。这意味着，信息可以在电子信号的作用下传送到尽可能远的地方。在极短的时间限度内，在极大的地域间，人们知道了相同的事实。① 过去发生在遥远地方的陌生事情，现在都变得"同样"熟知了。

这一分解过程释放出了强劲的催化力量，其影响力远超媒介本身，让社会事件得以穿越地理边界，实现更广泛的传播。城市居民开始借助电报信息交流，寻找共鸣与归属感。到了19世纪中叶，随着海底电缆的铺设将相隔的大陆连接起来，统一的电报编码系统促使不同文化背景下的邮政地址都采纳了标准的电报格式。这种影响在日常生活的细流中不断沉积，以稳定而缓慢的节奏潜移默化。随着时间的推移，这些影响逐渐构筑起结构性的改变，累积成为深远的力量。终于，在达到一个临界点后，其成效显著地展现出来，此时社会恍然大悟，意识到了这些渐变已经带来深刻变革。正如《纽约先驱报》在1844年5月30日的文章中所分析，编码的传播方式可能影响了新闻及观念的传递：

莫尔斯教授的电报不仅开启了信息传输的新时代，也在人们心中激发了全新的思想和意识。②

《纽约论坛报》在连续观察了一年后，在1845年7月的一篇评论中，为不停延伸的电报建设创造了一个笼括全部传递特征的新词汇"net-work"：

一个由电光串连的铁丝神经网络（A net-work of nerves of iron wire），

---

① 殷晓蓉. 从电报系统的两重世界看"传播"的神秘意蕴——对功能主义传播学研究趋向的思考[J]. 新闻大学，2012(02)：54-59.

② Washington. Correspondence of the Herald.[EB/OL]. 华盛顿：美国国会图书馆,《纽约先驱报》1844 年 5 月 28 日 版 [2017–10–11]. http://chroniclingamerica.loc.gov/lccn/sn83030313/1844-05-30/ed-1/seq-4/.

以纽约为大脑中枢，向四肢的远端分叉延伸。①

直至1873年，《哈珀》杂志仍使用这一词汇来描述电报连接构成的网络景象。与此前不同的是，经过不到30年的发展，这种联通不再局限于陆地，海洋也被全面纳入了网络：

整个电报网络，以及将其与地球另一端其他同样活跃的系统连接起来的海底电缆，从头到尾都在闪动着人类智慧的信号。②

"网络"一词的使用让信息接受者不再注意空间差异、观念差异、甚至语言差异，而接纳其传递的统一、同步的观念。这是对旧式编码形成的信息秩序观念的消解。通过线缆的延伸，电报信息连接了所有人口密集的地方，而这种消解恰好让处于巨大地域和时间差距中的人们在网络式传播的环境下，共同知晓着过去可能从不会接触到的事情。

传统媒介的正面支持无疑对电报系统的影响起到了加速推动的作用，既强化了社会大众对这一技术所具有的公共媒介属性的认识，也让社会对席卷而来的新媒介技术产生了近乎崇拜的态度。在新闻的启发下，电报这种技术，凭借其对空间间隔的强大消解能力，在信息传播中具有了显著的公共媒介含义。

三、电报新闻：一种观念的形成

技术的演进和创新，本质上是人类文化运动的一种表现。人们利用技术来认识和改造自然界，这个过程本身构成社会变迁的组成部分，因而技术的发展和变化不可避免地会带来文化层面的效应。

在研究技术与文化观念关系时，哈贝马斯（Jürgen Habermas，1929—）提出，技术不只是缺乏情感的工具或中立的应用手段。实际上，在技术渗透到社会活动的每一个角落，并成为人们沟通方式中不可或缺的一部分时，它也在潜移默化地塑造着人们的社会观念。这种塑造并非单向的，而是技术与社会观念之间形成了一种建设性的、相互依存的关系。这种关系的稳固建立在一个至关重要的基础之上，那就是共同理解。③这里所说的"共同理解"，是指社会成员对一些核心概念或事物拥有一致的、广泛认可

---

① The Magnetic Telegraph-Some of Its Results [EB/OL]. 华盛顿：美国国会图书馆，《纽约论坛报》1845年7月8日版 [2017-10-07]. https://chroniclingamerica.loc.gov/lccn/sn83030213/1845-07-08/ed-1/seq-2/.

② Project M. O. A. Harper's Magazine[M]. New York: Harper & Brothers, 1873.333.

③ [德]哈贝马斯. 作为"意识形态"的技术与科学[M]. 李黎，郭官义译. 上海：学林出版社，1999：104.

第三章　19世纪中期编码传播的主导地位确立

的规范性看法。

在大部分特定情境下，形成共识至关重要。因为技术对文化的影响有些可能是我们能够预期的，但也有可能会出乎我们意料，甚至超出了我们原本的意图。以编码传递的信息来讲，共识的存在确保了在信息传播过程中，接收者能够准确无误地理解发送者的意图，从而避免了因理解偏差而产生的沟通障碍。对共享信息的一致性理解，是媒介有效传播信息的前提，而且也构成了解析媒体影响力的理论根基。研究媒体如何对个体和社会产生作用，以及为何在某些情境下其影响力显得尤为显著，都必须建立在这种共识的基础之上。正是因为存在着这种共同理解，媒体得以在社会中影响甚至塑造人们的观念和行动。

电报采用专用的符号体系首次实现大规模公共信息的传播，开辟了文本传播的新维度，塑造了传播学视角中"观念领域"。[①] 这种媒介的特性与其他形式的大众传播和个体间的互动交流具有明显不同。[②] 它形成了一种具有类似信仰仪式效应的人群集结功能。[③] 这种沟通方式的形成源于通信技术应用带来的新奇性。与19世纪大众的知识水平相比，电报系统所具备的技术特性，令其成为了一种只有掌握先进知识的人才理解和使用的技术。在19世纪中叶，特别是在美国偏僻的乡村和小城，这一认知门槛为电报的传播带来了一种特别的效应：不可冒犯的精神膜拜。这使得普罗大众将电报系统的编解码行为与超自然的沟通方式相提并论。因此，掌握编码和解码技能的电报操作员，在社会中得到了类似于神职人员的尊崇地位。[④] 这为电报在人际交流领域塑造了其独特的社会和文化集聚效应。

与传统印刷媒体在信息传播上所依赖的长时间跨度、局限性和线性特征相比，电报作为一种新型媒介，显著的即时性和情感传递能力，激发了一系列关于媒介伦理和社会影响的深入讨论。例如，在19世纪60年代，当一位华盛顿政府官员去世的消息通过电报迅速传播时，这一新型媒介便展示了其独特的情感共鸣效应。该报道瞬间地激发了社会各阶层和群体之间的情感连接和一致的评论，因而被历史学者称为"the first virtual

---

[①] 殷晓蓉. 关于电报系统的传播学意义——一种基于媒介技术与文化内涵的思考 [J]. 新闻大学，2011(1)：33–37.

[②] 殷晓蓉. "交流"语境下的传播思想史——解读彼得斯的《交流的无奈》[J]. 复旦学报（社会科学版），2008，2008(3)：115–123.

[③] 丁未. 电报的故事——詹姆斯·凯里《作为文化的传播》札记 [J]. 新闻记者，2006(3)：44–46.

[④] 殷晓蓉. 从电报系统的两重世界看"传播"的神秘意蕴——对功能主义传播学研究趋向的思考 [J]. 新闻大学，2012(02)：54–59.

funeral"(第一个虚拟葬礼),并以"Technological Emotions"(技术的情感)①一词来阐明其背景中所包含的作用因素。

这些词汇的出现,揭示了电报编码在传递信息过程中对社会公众意识产生的强烈冲击。由于电报所传递消息的高度即时性和公共话题属性,公众往往在没有足够的时间、空间进行深思熟虑的情况下,便迅速形成了一种集体情感或观点。这种现象不仅凸显了电报在所传播内容上所带来的认知偏见,也凸显了一个更为复杂的问题:在高速信息传播的现代社会环境下,人们很容易受到技术的"盲目崇拜"或"技术决定论"的影响,因而可能在某种程度上缺乏批判性思考和理性判断。

作为当时认知门槛较高的传播技术,编码传递不仅是信息传递的途径,更是一种具有象征性的人际沟通方式。独特的存在地位让社会公众对它产生了近乎崇敬的态度,这种现象可以称为"技术偏好效应"。当我们表述"这种新媒介给人们留下了不可磨灭的印象"这样的语言时,实际上是在强调电报对人类心理和社会行为模式产生的持续影响。② 从这个视角来看,电报在人际沟通中实现了观念的互联,并在三个方面持续产生影响:首先,它为信息传播确立了新的集中控制模式。其次,它为信息流通和消费的经济结构奠定了基础。最后,在语言使用和思维模式上引发了重要变革,从而标志着传播历史上的一个重要转折点。③ 这三个层面的影响导致了三个结果:在国际新闻信息交换的兴起和新闻产业的塑造中起关键作用;对新闻语言表达的改变;以及对日常思维和行为的塑造。④

因此,在19世纪中期,从传播功能和媒介效果的视角来观察,我们可以清晰地区分出两种不同类型的媒介:第一种是积极采用电报技术、充分利用其快速信息传递特性的媒体,比如通讯社;第二种则是那些坚持使用传统方式、很少或根本不依赖这项技术的媒体。这两类媒体在塑造和引导社会舆论方面展现了不同的能力。那些接受并利用这项技术的"创新型"报纸,在快速传播新闻、影响公共议题设置方面明显超越了那些"保守型"报纸,因此在塑造社会公众的日常认知和观念上扮演了更具影响力的角色。

---

① Malin B. J. Failed Transmissions and Broken Hearts [J]. *Media History*, 2011, 17(4): 331–344.
② [美] 彼得斯. 交流的无奈:传播思想史 [M]. 何道宽译. 北京:华夏出版社,2003. 83–84.
③ [美] 詹姆斯·凯瑞. 作为文化的传播 [M]. 丁未译. 北京:华夏出版社,2005. 160–161.
④ [美] 詹姆斯·凯瑞. 作为文化的传播 [M]. 丁未译. 北京:华夏出版社,2005. 167–172.

第二节 电报信息在通讯社兴起中的作用

电报对新闻的影响还体现在新闻起源的探讨中：科技进步对社会和经济变革具有驱动作用。在19世纪的新闻产业变化中，体现为电报技术的出现和普及，不仅在某种程度上促进了报纸行业的扩张和进步，而且对于现代通讯社的创立和持续发展也产生了显著的催化作用。[①]这种观点有一系列历史事实和证据作为支撑。尽管在通讯社初创时期，电报技术尚未得到社会的广泛接纳，但随着时间的流逝，特别是在市场竞争愈发激烈的背景下，那些能够充分发挥技术优势以占据更大市场份额的机构，显然成为这一技术的坚定拥趸和积极推动者。[②]

电报与新闻传播的紧密联结不单是改变了信息流通的方式，更深刻地，它还触及了新闻产业背后的复杂体系，这包括报纸出版、通讯社运营等多个关键环节。特别是通讯社，它们有效利用编码传输作为信息传输的高效途径，将信息系统化、规模化地转换为具有商业价值的新闻产品。

埃德温·埃默里（Edwin Emery, 1914—1993）等人撰写的《美国新闻史》（The Press and America，又译为《报刊与美国》），自1972年第三版开始，其副标题被改为"大众媒介解释史"（An Interpretive History of the Mass Media）。这一改动显然是为了强调媒介技术对媒介内容的影响作用。书中按照历史先后顺序，逐步将印刷技术、出版社、出版商、电报、通讯社、广播、电视、电影、图书、互联网等媒介技术，与历史的政治事件、经济事件、文化和思想潮流等相结合，以综合、互动关系来解释报纸事业的历史发展脉络。在这本著名的著作当中，电报是被当成继印刷术之后第二个对报纸产生重要影响的技术形态。作者认为电报技术的出现催生了新闻聚合机构的形成，最为显著的例子是美国的"联合通讯社"（The Associated Press）。这些机构逐渐成为多数报纸和其他媒体平台的主要新闻供应源，并集中化了信息的流通。[③]同时随着全国和国际新闻的传播速度加快，本地新闻在信息市场中的地位受到挑战。特别是在大城市中，本地新闻的价值和影响力逐渐减弱，因为全球性和全国性事件更容易吸引公众的注意。

19世纪40年代之前，新兴的报纸出版商为了在充满政党派系竞争的

[①] 展江. 新闻事业成因论[J]. 中国青年政治学院学报, 1998(3)：84–89.
[②] 理查德·缪斯曼, 愚人. 世界上最古老的通讯社——路透社[J]. 世界文化, 1985(3)：31–33.
[③] [美]迈克尔·埃默里, 埃德温·埃默里, 南希·L. 罗伯茨. 美国新闻史（第8版）[M]. 展江, 等译. 北京：新华出版社, 2001. 135.

环境中寻找生存和发展空间,常常选择与地理位置相近或有共同利益的其他报纸合作,共享和交换信息。然而,由于这些合作关系通常缺少有效的组织和调度,竞争依然存在。这些报纸在市场机会、行业背景和目标受众等方面有诸多相似之处,但在规模和实际影响力上各有不同。

到了19世纪50年代,电报技术已经成为关键的通信工具,成功地连接了多个国家的主要城市,包括英国、美国、法国和德国等。在这样的技术革新背景下,路透社、哈瓦斯社等通讯机构敏锐地捕捉到这一历史性的变革。它们专注于将原先分散且基于特定费用模式的信息搜集业务进行集中和整合。这种集中化的信息搜集和传播策略,显著提升了信息生产和传播效率,大幅降低了信息获取和利用的经济成本。

为了更具体地说明这种变革的深度和广泛影响,我们可以回顾1840年的案例。在那个时代,哈瓦斯社作为具有代表性的通讯社,成功地为法国首都巴黎的多家主流报纸提供了丰富多样的新闻内容和资讯服务。这些资讯不仅丰富了公众的知识体系,还为报纸业务开拓了更广阔的市场机遇。随着时间的推移,信息传播的速度和覆盖范围都得到空前扩展。到了1858年,一个新的现象开始显现:那些对金融行业至关重要的股市资讯,已经开始主要由路透社负责向伦敦金融界传递。这凸显了通讯机构在信息整合和传播中的核心作用,也展示了技术进步为信息的全球流动和高效利用创造了可能性。

一、哈瓦斯社和沃尔夫社:最早的电报新闻和信息供应商

在商业报纸兴起之前,报纸的信息传播能力受到很大的限制。除了缓慢运输的影响之外,更多原因在于报纸多数情况下搜集的是带有情报功能的贸易方面的价格信息,大量精力投放在搜寻不同地域间商品价格差异上,导致报纸只能在较小范围内生存和发展。所以,并不是报纸在向人们推销自己,恰恰相反,是信息中介在积极寻求报纸的合作。

消息匮乏的原因还包括其他方面。在法国拿破仑执政时期,舆论受到严格控制,全国上百家报纸被缩减至13家,而到1811年巴黎只剩4家由保安部直接指挥的报纸。① 其后,19世纪30年代至50年代间政权变化更迭,但新闻审查的惩罚性质基本没有改变。出版商和官方新闻检查(缘于"大陆封锁政策")对非官方消息的筛选和控制,导致境外消息、宫廷内幕消息和重要的贸易消息无处可寻,诸如灵丹妙药、灾害天气、谋杀、瘟疫

---

① 展江. 拿破仑与新闻事业 [J]. 新闻大学, 1994(02): 46–50.

以及火灾等的相同报道反而到处可见。这个时期，欧洲主要国家在资本主义生产模式主导下，社会生产能力快速增长，贵族、新兴资产阶级、无产阶级以及知识分子都在社会中积极发出各自的声音。① 同时，新公共领域出现了，使得普通大众对于政治，尤其是经济信息的渴求变得格外强烈。② 信息的稀缺性在大城市尤为突出，为通讯社的出现提供了空间。

电报的出现为通讯社的崛起和发展提供了必要条件。作为早期新闻中介，通讯机构的主要动力在于捕获、整合并大规模分享和传播通过编码传达的信息。通过借助编码传递带来的卓越性能，传统的新闻报道形式得以转化为瞬息万变的消息。为了满足社会大众对实时资讯的需求，通讯社开始大规模地向各大报刊提供资讯内容。这使得报刊不再仅仅依赖政治立场来筹集资金，而是更加注重提供及时、准确的新闻报道来吸引目标读者。因此，各大报纸逐步转变为通讯报道机构的主要业务合作伙伴和新闻消费者。

变革始于巴黎。拥有广泛社会交往的金融业者查尔斯·哈瓦斯（Charles Havas，1783—1858）从1825年起，有偿为金融商业界人士及政界政要提供金融、经济、政治等方面的消息，这些消息主要从伦敦、布鲁塞尔等重要城市搜集而来。这为哈瓦斯带来了超乎意料的丰厚回报，并促使其事务所在1835年发展为哈瓦斯通讯社（Agence Havas），小作坊突变为一个"新型商品"的加工、生产和销售的规模企业。

借助于对电报信息的率先尝试而带来的先发优势，哈瓦斯社几乎没有对手地延续着市场扩张。哈瓦斯社从1845年4月开始通过新建的巴黎—里尔电报线路，使用指针电报传递股票价格信息。1848年，巴黎与布鲁塞尔（当时是比利时的金融中心）之间开通电报服务，哈瓦斯社也随即开始租用该条线路用以延展业务。随着电报线路的不断扩展，哈瓦斯社在布鲁塞尔、罗马、维也纳、马德里以及纽约等地设立分社，信息支点增加，消息这种"商品"的生产和传递规模大幅度增长。

哈瓦斯社的快速增长不仅因为其提供了稀缺的新闻和信息。以1838年巴黎销售量最大的商业报纸之一《新闻报》（*La Presse*）为例，它将第四版的广告以每行全年约40法郎的价格③对外寻求合作。④ 哈瓦斯社用国

---

① 1848年《共产党宣言》发表。
② [德]哈贝马斯. 公共领域的结构转型[M]. 曹卫东，等译. 上海：学林出版社，2002：218.
③ 1845年，整版广告费用涨到30万法郎。广告资金的流量非常巨大。
④ 展江. 1830年代法国的报纸文学与商业革命[J]. 看历史，2011(04)：180–181.

内外经济新闻的优势与该报交换一定量的广告版面，随后将这些广告版面卖给巴黎通用广告社等广告客户。通过这种方式，到1857年，哈瓦斯社已经将附近地方报纸的广告需求汇拢到自己门下。[①] 这种新型的销售策略重塑了广告市场中原有的主客关系，进而掌握了巴黎报纸大部分的广告版面。由此，一个新型的媒体社群开始出现，这种传媒社群的目标不仅限于向贵族和政治特权阶层传递消息，而是以汇聚信息和资本为主要目的。由于有了庞大的信息群，使得第一个具有现代传媒意义的消息社区开始在巴黎形成，哈瓦斯通讯社则领先于其他媒介，率先在信息商业化传递链条中占据上游位置。

哈瓦斯社生产和传递的信息量不仅满足了巴黎日刊报纸的出版需求，甚至超越了这些需求。它以低廉的价格批量提供新闻和信息，这一点让报纸与通讯社之间的合作显得尤为重要，因为这种合作模式为报社节省了大量资金和资源。1836年，《新闻报》以及《世纪报》（*Le Siecle*）已经开始依赖哈瓦斯社提供的新闻消息。面对这种趋势，1840年，巴黎的评论家尖锐地指出，尽管表面上看似巴黎拥有许多报纸，但这实际上只是一种幻觉。因为这些报纸的新闻内容几乎全部来自同一个源头——哈瓦斯通讯社。[②] 这种依赖关系标志着通讯社在新闻传播领域的重要地位开始形成。

哈瓦斯社的业务模式很快被竞争对手模仿，1849年10月，普鲁士出现了新的通讯社。出于统一德国的政治需要，国家电报局在柏林和亚琛之间架设了电报线路，而且特意向民间开放电报通讯的使用权利。在哈瓦斯社试图利用这条线路生意的同时，伯恩哈德·沃尔夫（Bernhard Wolff,1811—1879）在柏林一端开办了沃尔夫通讯社（Wolffs Telegraphisches Büro），而保罗·朱利斯·路透（Paul Julius Reuter, 1816—1899）则在亚琛一端开办了业务点。他们的核心业务依旧是交换并售卖欧洲主要城市的汇兑和证券交易信息。

由于资本实力不同，三者之间的竞争也是不均衡的。1850年春，虽然路透利用亚琛与布鲁塞尔之间尚未建立电报线路的情况暂时获得了立足点，但很快到1850年底已经丧失了在这个地区的竞争能力。路透利用信鸽在亚琛与布鲁塞尔之间相距76英里（约122千米）的区域内，飞行大约2小时来传递股市行情信息。而随着巴黎到布鲁塞尔、巴黎到柏林、亚琛到布鲁塞尔间的电报线路接连开通，哈瓦斯依凭巴黎的资本集团作后

---

① 杨帆. 浅谈哈瓦斯社的兴衰及其经验教训 [J]. 新闻传播，2010(12)：58.
② 郝明工. 无冕国度的对舞：中外新闻比较研究 [M]. 昆明：云南人民出版社，2002. 105.

盾、沃尔夫靠着普鲁士的力量支持，有力地控制了这些线路，路透则被毫不留情地排除在了获取电报信息的权利之外。

通过亚琛的竞争，新闻产业经营者已经充分认识到利用电报这种新技术，对于"消息"这种特殊商品的经营所起的关键作用：汇聚资本，继而垄断技术。伴随着这场竞争，受到政府资金青睐而快速兴起的沃尔夫社，从1855年起，就已成为与哈瓦斯社一样庞大，可以垄断广大奥德地域内的信息售卖寡头。这个过程比哈瓦斯社的10年积累时间缩短了一半。

通讯社形式的电报信息搜集和售卖，突破了特权阶层对报纸传递消息的限制，树立了自己在区域媒介和外媒连通环节的关键地位。

二、路透社：从亚琛兵败到强势扩张

在这个时期，英国新闻行业与法国新闻行业存在显著差异。1846年，伦敦至多佛的电报线路已经开通并允许商业使用。1853及1855年，英国政府分别取消了广告税和印花税，①这些实质性的产业政策使得报纸生产成本大幅下降。大量面向大众的商业报纸开始出现，到1857年，这类报纸的种类已经达到了107种。②这样的环境为路透社的快速壮大提供了理想的土壤。

路透社是通过电报信息从弱小发展到强大，并最终实现了在行业中的垄断地位，成为这一领域的典型代表。它的发展自始至终都在"跟着电报线路走"，这既是对亚琛竞争落败的切身感悟，也是对电报这一新传媒技术的洞察和预见。早年在银行工作的路透需要理解汇兑行情的计算方法，利用机会结识了数学家高斯。日本学者仓田保雄在研究路透历史时指出，路透在1833年见过高斯和韦伯当时所使用的电报机。出于对商业的敏锐洞察，路透意识到如果能进一步改善和发展这套装置，不仅可以用来传递国际间的汇兑行情变化，还可以传递欧洲各地的棉花价格涨落，甚至可以传递像普鲁士和法国外交关系日趋紧张这样的事件。③

在亚琛落败后，路透于1851年结识了西门子。当他得知英国准备在英吉利海峡铺设海底电缆时，他决定在那年的夏天来到英国寻求发展机会。10月，路透在伦敦皇家股票交易所1号租赁了办公室，以准备海底

---

① 1861年取消纸张税，标志着限制报业发展的知识税彻底废除。
② Chisholm H. The Encyclopædia Britannica, or, Dictionary of Arts, Sciences, and General literature, Vol.16[M]. Edinburgh: Adam & Charles Black, 1858.192.
③ [日]仓田保雄. 路透其人和路透社[M]. 田瑞岩，任长安译. 北京：新华出版社，1980．20.

电报线路的开通,并与伦敦证券交易所签下合约,为其提供法国的股市行情以换取获得英国股市资讯。这些属于廉价金融信息。1852年1月,通用海洋电报公司(The General Oceanic Telegraph Company,GOTC)成功地在英国多佛和法国加来之间架设了海底电缆。路透立即通过这条电缆(对这条电缆紧随而至的还有哈瓦斯社、沃尔夫社),与巴黎金融市场交换以价格数字为主的信息,开始了以伦敦为基地的"出售经济新闻的买卖",其内容性质与哈瓦斯社、沃尔夫社没有区别。其编纂的"路透快讯"主要服务于交易所、银行、贸易公司等机构,旨在构建一个专注于金融新闻和信息的社群,为这些机构提供及时、准确的信息服务。

1858年之后,路透社进入了快速发展阶段。在这个阶段,《每日电讯》、《广告晨报》(*The Morning Advertiser*)、《每日新闻》(*The Daily News*)、《晨星报》(*The Morning Star*)、《夜星报》(*The Evening Star*)和《泰晤士报》6家最大的伦敦报纸,陆续成为路透社新闻和信息的采用者。《泰晤士报》比其他报纸更晚开始接受路透社。之所以没在刚开始就与路透社建立合作关系,是因为该报编辑部最初认为,引用第三方的信息并在报纸上刊登非本社的名称可能会对其声誉构成负面影响,由此他们决定不采用路透社提供的新闻稿件。但随着路透社在行业中影响力不断加大,越来越多的报纸使用这种专门机构的供稿。市场上消息价格的下降致使《泰晤士报》不得不就范。经过一番讨价还价,双方终于达成协议。如果消息能够表明是路透社提供的,报纸只需支付每20个单词2先令6便士;如果不指明出处,价格则是5先令。[①]

与诸多重要报纸达成合作后,路透社开始变得家喻户晓,不间断地为英国新闻行业提供电报信息,影响力迅速提高。当时的权威杂志《圣詹姆士公报》(*St James's Gazette*)曾这样评价路透社:

> 我的歌颂无人能打败,
> 在一切纷争中,谁的地位不偏不倚,
> 谁的名字时不时被念错?
> 路透社。
> 他的网络遍布全球,
> 他确实是世界的开拓者:
> 在茫茫大海中,人们在窃窃私语

---

① Mantle J. Companies That Changed the World: From the East India Company to Google Inc.[M]. Toronto: Quercus, 2014.32.

第三章　19世纪中期编码传播的主导地位确立

>路透社。
>谁能如此完美地解决疑问？
>当需要机智的时候，谁更熟练？
>我想，地球的旋转离不开
>它的路透社。①

对1859年2月7日拿破仑三世向法国立法院演讲的报道，奠定了路透社在英国新闻和信息供应行业的龙头地位。这次演讲的内容是法国准备公开宣布奥地利为敌对国家。路透社在演讲正式开始之前进行了广泛的公关活动，而拿破仑三世本身也有宣传的需要，便与路透社达成意向，给了后者一份演讲内容的副本，但要求该副本只能在演讲正式开始之后才可以公开。为了如期实现这次重大报道，路透社预订巴黎—伦敦之间电报线缆一个小时的专用权，事后证明这项举措是正确的，它确保了巴黎的演讲内容准时传达到伦敦的办公室。路透社成为第一个知晓此消息的机构。仅在演讲结束的1小时内，关于法国皇帝演讲的专版已经在伦敦的报纸上出现了。②法国–撒丁岛联盟与奥地利之间的战争爆发后，路透社向战争中的三个军队都派出了通讯记者以采集消息。有一次伦敦报纸新闻市场所获得的同一场战斗的，三份不同来源的电报消息，竟然全部是路透社提供的，可见其新闻和信息获取能量之大。

在伦敦稳步建立起来的传媒社群利用电报线路迅速向外地辐射。1861年，美国南北战争爆发，欧洲的新闻大战也随之涌起。由于1858年在爱尔兰的瓦伦西亚岛（Valencia Island）至纽芬兰的特里尼蒂湾（Trinity Bay）海底电缆（约4 000千米）使用一个月后就断裂了，③美国南北战争的新闻只能依靠邮轮传递。路透社为了能够领先其他同行早几小时获得新闻，选择在爱尔兰最西南端的克鲁克黑文（Crookhaven）拦截邮船，并且花巨资在这里专门搭建了一个电报基地，铺设了一条连接科克市（Cork）的专用电报线，这样路透社距美国在空间上就近了400多千米，从而在取得美国最新消息上比伦敦其他新闻机构能够提前8小时。④

---

① Canning J. 100 Great Nineteenth-century Lives[M]. London: Methuen, 1983.408.
② Coe L. The Telegraph: A History of Morse's Invention and Its Predecessors in the United States[M]. Jefferson: McFarland, 2003.80.
③ [英]查尔斯·辛格. 技术史. 第Ⅴ卷，19世纪下半叶（约1850年至约1900年）[M]. 远德玉，丁云龙主译. 上海：上海科技教育出版社，2004. 155.
④ Cookson G. The TransAtlantic Telegraph Cable: Eighth wonder of the world[J]. History Today, 2000, 50(3): 44.

这种利用新媒体技术对重大国际事件进行独家报道的方式，极大地提升了路透社新闻产品的生产和市场销售能力，这种增强的力量又反过来加强了它对英国和国际电报线路的控制力。

随着英国殖民势力的扩张，为了获取向英国东方殖民地的发展空间，路透社于1865年与汉诺威王朝格奥尔格五世（Georg V，1819—1878）签署协议，成立了专门的路透社电报公司（The Reuter's Telegram Company），通过北海海底向德国诺德尼岛（Norderney Island）参与铺设一条通往英格兰的海底电报专线，并与其他经欧洲通往俄国和中东的电缆联为一体。路透社开始蚕食沃尔夫社的势力范围。1866年横贯大西洋海底的电缆最终铺成，路透社开始使用连接欧洲和北美的海底电缆。[①]1869年，路透社参与兴建由德国、俄国、伊朗通向印度的专线，这些电缆又由孟买进一步延伸到锡兰（今斯里兰卡）加勒、新加坡以及中国上海。

与当年在亚琛的竞争恰恰相反，路透社的强势扩张伴随而来的是沃尔夫社的逐渐萎缩。

三、对港口新闻社（美联社）的作用

在美国，随着商业报纸的迅速发展，通讯社也应运而生。虽然其发展原因与哈瓦斯社、路透社不同，源于报社之间的主动结盟，其核心目标依旧是新闻的采集与销售，并产生了和欧洲几乎一样的新闻和信息传播格局。

纽约地区报纸销量竞争的背后，更深层的是对电报线路和其带来的大量新闻信息的争夺。在电报网络广泛覆盖的空间里，富有地域特色的新闻因其独特性而显得格外有价值。此外，许多迁移到北美的欧洲移民，在政府宽松的"新闻自由"政策之下，仍旧保持着对故国家乡的深切关注，这导致对欧洲新闻的需求一直很高。这种环境为依赖电报新闻的报纸提供了生存和发展的基础，帮助它们在竞争激烈的媒体市场中巩固了地位。

1846年，纽约国际港口信息资源丰富，以《纽约论坛报》、《纽约太阳报》为首的5家报纸为了防止电报运营商垄断新闻，只向出价最高者提供服务，决定尝试性地展开合作。这种合作有效地控制了报纸流通范围内的电报资源，并形成了向《费城公共记录报》、《巴尔的摩太阳报》等其他报纸转让新闻的格局。

---

① Desmond W. The Information Process: World News Reporting to the Twentieth Century[M]. Iowa: University of Iowa Press, 1978.158.

1849 年 1 月，上述 5 家报纸的合作进一步扩大，包括《纽约先驱报》、《纽约太阳报》、《纽约论坛报》、《纽约商业日报》（The Journal of Commerce）、《快报》（The New York Evening Express）、《纽约信使及问询报》（The New York Courier and Enquirer）等 6 家报纸正式签署协议，共同成立了名为"港口新闻合作社"（The Associated Press）的新闻采集机构，① 确定了以纽约港口及其周边地区为基地的新闻和信息流动范围。这个组织对电报新闻和信息的控制比之前的合作形式更为有效。其核心宗旨非常明确，就是保证电报新闻和信息能够首先满足组织内部及本地报纸需要，外地报纸只有在获得多数会员同意的条件下才能购买其信息。

这个自主联合成立的大型新闻组织，也是基于对电报新闻的争夺来实现对新闻市场的占有。1849 年，纽约联合新闻社与电报新闻公司（The Cable News Company）及英国的联合新闻社（The United News Press）建立合作关系，将电报新闻的来源渠道延伸到了海外。1851 年，该组织改名为"电报新闻与综合新闻联合社"（The Telegraphic General News Association），并加入了通用电报新闻协会（The Universal Telegraphic News Association），形成更大规模通过电报采集和出售信息的能力，带领其成员报纸在新闻和信息传播领域与其他新闻合作社展开竞争。② 将新闻采集权控制在较小区域内的后果就是：即便是西部地区的报纸，要获取全面的西部新闻信息，也得通过位于东部的通讯社才能实现，更不用说要获得华盛顿特区这样的东部城市相关的重要信息。

为了改变这种被动局面，处于相对落后的中西部地区的报纸，依托电报网络于 1864 年在辛辛那提（Cincinnati）成立了"西部联合通讯社"（Western Associated Press），随后将新闻消息的集散能力从中西部地区向东部地区扩展。在进一步与欧洲通讯社建立了一些合作关系后，西联社增加了与港口新闻社进行东西部新闻交换的议价能力，显著改善了西部报纸在获取东部纽约等大都市报纸所拥有财经信息方面的不利条件。以至于《世界报》（The New York World）、《晚邮报》（The New York Evening Post）等纽约的报纸，也开始依赖西联社提供的新闻稿件，以便在当地稳固其市场地位。③

1861 年南北战争爆发后，商业报纸对战场情况的报道量迅速增加。

---

① [美]迈克尔·埃默里，埃德温·埃默里，南希·L. 罗伯茨. 美国新闻史（第 8 版）[M]. 展江，等译. 北京：新华出版社，2001. 4.

② 李彬. 全球新闻传播史（公元 1500—2000）[M]. 北京：清华大学出版社，2005. 236–237.

③ 李彬. 全球新闻传播史（公元 1500—2000）[M]. 北京：清华大学出版社，2005. 2001.

为了避免内部的恶性竞争，早在1849年就在纽约港口签署了合作协议的六家报纸，于1862年再次达成一项新的协议，成立了扩大版的合作组织——美联社，[①]统一发布信息，并与国际新闻机构如路透社、哈瓦斯社等进行合作。到1865年，美联社的影响力已经覆盖了整个东部乃至部分西部地区，[②]该合作组织原先所秉持的新闻态度也蔓延到其他成员内部，从而强化了新闻和信息的统一属性。随后，以美联社名义出现的新闻和信息采集节点不断增多，例如南部美联社、新英格兰美联社等。这些节点都是依托于特定地域的分社，地理上的独特性为这些较小规模的机构成为美联社成员提供了资本，因为它们能够采集和传递那些地区特有的新闻和信息。

19世纪70年代以前，美联社为了维持其对各个新闻和信息采集节点的统领作用，通过资助建立新线路、在业务上支持规模较小的电报技术公司等方式，尽量维护电报新闻和信息来源的多元性，以达到对大型电报公司遏制的目的。例如，1853年该社就曾将新闻和信息业务交由濒临破产的商业电报公司来经营，还费尽周折控制了波士顿与纽芬兰之间的线路，把持了这个国际新闻和信息传递的咽喉。[③]

1866年，大西洋海底电缆开通。与众多机构争相使用海底电缆一样，西部联合通讯社也利用大西洋电缆与欧洲通讯社建立新闻交换业务。但为了获得电缆的优先使用权，美联社的纽约成员联合起来支付了这条电缆总造价30%的费用，超过了包括西部联合通讯社在内的其他用户。[④]

作为最大的电报新闻统领机构，美联社以及旗下日报几乎包揽了新闻和信息的采集和分发。要获取关于欧洲的电报新闻，就必须向位于纽约的总部支付海底电缆使用费和中介服务费。如果不是该社的成员，即使愿意付费也不一定能够获得这些内容，它旗下的日报通常只使用美联社提供的电报新闻。由于利益一致，19世纪50年代纽约地区几乎没有出现持不同立场的新报纸。到1876年，甚至连在中部城市创办的《芝加哥每日新闻》（*The Chicago Daily News*）也只能通过美联社的供稿来刊登国外新闻和其他有价值的信息。到1897年，如《纽约先驱报》、《纽约论坛报》这样的

[①] 根据埃默里的资料，该组织当时以"港口新闻合作社"的名称对外，可视为"美联社"前身。"美联社"一词于1900年总部迁至纽约后正式采用。虽然前后名称有所不同，其英文表达均为"The Associated Press"。为便于表述，本文采用多数材料观点，将1862年视为美联社的创立时间。

[②] 托马斯·科斯纳. 资本之城 [M]. 万丹译. 北京：中信出版社，2004. 42.

[③] 陈力丹. 世界新闻传播史 [M]. 上海：上海交通大学出版社. 2002. 73.

[④] Rantanen T. Foreign Dependence and Domestic Monopoly: The European News Cartel and US Associated Presses, 1861–1932[J]. *Media History*, 2006, 12(1): 19–35.

第三章　19世纪中期编码传播的主导地位确立

大型日报采用美联社的供稿已成为日常习惯。即使是针对中产阶层发行的文化型晨报，电报新闻供稿也主要由其提供。①

一些主要国家的通讯社在发展过程中，利用了手中掌握的电报网络资源，通过将电报信息作为"商品"进行交易，构建起新的紧密的上下游依赖关系。这些通讯社自身逐渐转型成为新闻和信息的枢纽，迅速成长为具有国际影响力的信息分发中心。在广袤的世界舞台上，每时每刻发生在各个角落的事件，被分布在全球的记者站点捕捉，并通过几条主要的国际电报线路传递到通讯社的中心。这一时期，通讯社之间的竞争已从先前侧重资本实力的模式，转变为更加依赖对电报资源的掌控。对它们而言，行业格局已然超越了单纯依靠资本的阶段，进入了"电报决定生死"的境地。在垄断的市场环境下，占据电报信息的制高点成为生存的关键。每一条电报线路背后所蕴含的新闻资源归属，都会直接影响到通讯社的命运。

由于通讯社都重视对政治、经济、军事、外交等方面的消息采集，这使得彼此之间的竞争越来越激烈，信息变得越来越抢手。为了共同利益，1870年1月7日，哈瓦斯通讯社、路透通讯社和沃尔夫通讯社成立了"联环同盟"并签署条约。在该条约中，路透社负责英国帝国及远东地区，哈瓦斯社则负责法国帝国、欧洲拉丁国家和南美洲，沃尔夫社负责斯堪的纳维亚半岛、中欧和东欧。美联社随后掌控了北美。

显而易见，全球新闻信息的生产与销售格局其核心基础在于各方对全球电报网络中信息资源的分配与掌控。优势的资源明显带来了新闻信息采集成本和数量上的便利，从而使得通讯社能够提供更低的新闻信息价格，吸引更多的报纸加盟，并在与竞争对手的博弈中占据更有利的话语权。而报纸作为一种商品，自然倾向于使用成本更低的信息源，以降低其生产成本。

经过编码标准化处理后的电报信息，由于连接了广阔地域，因此产生了工业型的力量。虽然当时的报社出于行业敏感都明白电报的重要意义并积极使用，但某一家或几家报社租用甚至自己动手建设一两条电报线路，其资本实力和产生的信息接纳力量非常有限。而通讯社则是借助编码传递信息，让经过编码后，被约束在电报线路中高速远距离流动的新闻和信息得到聚集和中转。因此，通讯社是当时工业经济发达国家中最早的信息集散社区。它利用新媒介技术连接了多个领域，形成了巨大的信息传播规模，

---

① [加]哈罗德·因尼斯. 传播的偏向[M]. 何道宽译. 北京：中国人民大学出版社，2009：148.

为金融、报业等的日常运作提供了持续不断的、行业级别的供应。这为商业报纸的扩张提供了动力，使其在历史时刻成为社会新型产业的核心组成部分。

从这个角度来讲，利用电报信息获得最大社会效应的既不是电报电缆的所有者，也不是刊登消息的报社，而是将世界各地新闻和信息做成商品，实现信息互通的通讯社——这种新型媒体。通讯社是伴随商业电报、商业报纸一同发展壮大的。没有通讯社，国际间就不会有巨量信息的流动；没有这些信息，报纸也就缺乏快速更新的来源。

通讯社利用电报编码大规模传递新闻和信息，使报纸置身于一个来自全球各地、五颜六色且琳琅满目的新闻和信息丛林中。因此，报纸业务由主要依靠传统的采编转变为更多地向读者提供最新的、但不一定稀缺的信息。应接不暇的电报信息不断激发公众了解陌生地域情况的兴趣。

第三节 新闻集散中心的出现

在传媒行业的现代化进程中，新闻传播与电报编码的紧密结合，成为重要的转折点。与传统的分散式信息传播模式相比，这种新的联动方式并未促成新闻的大规模自由流通，反而加剧了新闻信息传播的集中化趋势。

在电报站点初步扩张阶段，操作员在技术操作上的经验不足，文字编码输入和传输的速度较慢，错误率较高。且由于他们主要在电报报房内工作，因此在大型社会事件发生时，难以亲临现场报道。因此，这些操作员的主要职责是信息传递，而非内容创作和编辑，所以新闻的采编工作仍然主要由各地的新闻机构承担。

19世纪50年代，新闻与电报两大行业开始探索如何更好地实现融合。1855年，英国的电报通信主要由电力电报公司（ETC）和英国与爱尔兰电磁电报公司两大巨头主导，它们共同控制了约12 000千米的电报线路，[①]形成了准寡头的市场格局。在这样的市场环境下，路透社构建其全球新闻与信息传播格局时，选择这两大公司作为核心合作伙伴，目的是确保对关键电报线路的控制，以维护其在新闻与信息传播领域的领先地位。这种策略为通讯社带来了显著的经营效果。例如，例如，为满足19世纪60年代纽约地区7家主流日报的需求，美联社每年仅在电报传输新闻方面的费用就高达约200 000美元。1877年之后，得益于与掌握着大西洋与太平洋电

---

① The Electrical Review.Vol.41. [M]. Electrical Review, Limited. 1897.328.

报公司（The Atlantic and Pacific Telegraph Company，APTC）以及国家联合电报公司（The National Union Telegraph Company，NUTC）的西部联合电报协会（The Western Union Telegraph News Association，WUTNA）的持续合作，美国东部的若干报纸组成联盟，这使它们在获取和传播纽约财经新闻方面占据显著主导地位。①

在这个方面，美国西联电报公司与美联社的合作是最为著名的案例。西联电报公司成立于1856年，由数家小型电报企业合并而成，迅速崭露头角，成为该行业的领导者。最初，该公司运营的电报线路长度大约只有1 000千米。② 不久之后，它通过与西部的铁路公司签定合作协议，扩大了其业务范围。随后，通过一系列行动，如1866年收购美国电报公司（The American Telegraph Company）、1872年收购国家联合电报公司（NUTC）等，该公司控制的线路长度显著扩展。到1893年，它已经掌握了将近769 000英里（约1 230 000千米）的电报线路，③ 这使得它在全美范围内对电报线路拥有实质性的话语权。

由于其在电报资源上的绝对优势，西联电报公司为报纸提供的新闻信息量迅速增长。1867年传输的信息数量达到5 880 000条。到1874年这一数字增长至16 330 000条。这种规模让它与美联社的合作在新闻和信息传播领域几乎无人能敌。在1880年，该社使用的信息总量为3 150 000条，而其中高达3 000 000条都是通过该公司的线路传输的，这意味着该社近91%的新闻和信息都依赖与这家电报公司的合作。④ 两者的紧密合作保持了领先优势，不仅稳固了它们的地位，还在全国范围内产生了举足轻重的作用。

不断增长的信息数量，其中所涉及的巨大经济利益，再加上新闻与信息的采集、整理和传播所需相对较低的门槛，这些因素吸引了众多的势力和团体来参与和进入其中。特别是随着关键技术逐渐被少数企业掌握，行业集中趋势愈发明显。西联电报公司依靠其关键的传输通道，成为当时技术领先的企业之一。为了进一步强化市场领导地位，它调整了新闻与信息传递的定价策略，旨在通信行业建立某种垄断式的控制。

---

① [加]哈罗德·因尼斯. 传播的偏向[M]. 何道宽译. 北京：中国人民大学出版社，2009：148.

② Boff R. B. The rise of communications regulation: the telegraph industry, 1844–1880[J]. *Journal of Communication* 34, No. 3 (1984): 52–66.

③ 1909年该公司被更大更新的技术巨头美国电话电报技术公司收入囊中。

④ Czitrom D. J. Media and the American Mind: From Morse to McLuhan[M]. North Carolina: University of North Carolina Press, 2010.23.

编码与传播

1866年6月，大西洋海底电缆在经历了种种技术上的巨大挑战后终于成功铺设，这意味着欧洲与北美大陆可以直接进行通信。于是同年11月，西联电报公司与其他关键机构，共同创建了美欧电报新闻协会（The United States and Europe Telegraph News Association，USETNA），[1] 核心目的就是利用这条新的电缆与欧洲的哈瓦斯、沃尔夫、路透社等传媒巨头建立紧密合作，以获得对国外电报新闻在美国国内传播的控制权和管理权。

电报公司的内部员工，尤其是那些专职新闻和信息处理的报务员，经常利用其工作之便为与他们有业务往来的报纸提供相关新闻和信息。面对这样的情况，电报公司通常采取不干预的态度，有时甚至在一定程度上鼓励员工的这种行为。这种策略无疑有助于这些公司在无须额外成本的前提下增强市场影响力，并促进报纸间的竞争。

通讯社对电报技术公司涉足其核心业务领域的行为保持警惕，因此，他们与电报公司就新闻和信息采集权展开了斗争。最终，美联社联合中西部的各大报纸，利用其他电报线路获取欧洲、商业及首都新闻，对电报公司形成了有效的制衡。这种压力使电报公司意识到，他们无法完全吞并对方，要实现最大利益，只能选择在当前范围内共享资源。

在无法实现独占意图的背景下，1867年西联电报公司与美联社决定在新闻和信息的采集、传播及线路使用等方面展开合作：一方面，这家通讯社获得了使用该公司全国线路的权利，一些地区分支还能享受针对它们的技术服务优惠价格。作为回报，美联社同意不再使用除西联电报公司提供的服务之外的任何电报信息服务，并且共同负责阻止新电报技术公司介入市场。另一方面，该公司承诺仅维持其作为一个技术性公司的地位，不参与常规新闻和信息采集业务，并且，通常还会拒绝那些与自身存在竞争关系的新闻机构的通讯报道。同时给予合作的新闻机构在费用方面特殊优惠。

这种合作构建了一个庞大的新闻和信息采集与传播体系。在这个特权所覆盖和蔓延的区域内，进行了大规模且更为系统化的新闻采集、信息传递以及发布工作。任何外部力量想要进入这个特定领域，都必须跨越由这些控制机构所设置的多重门槛。从现代对新闻和信息的理解来看，这些资源应当是公共的，任何经授权的实体都应有权采集和分发，并有权将其商业化，但这一前提是它们必须满足行业的标准要求。美联社，作为这些

---

[1] Cookson G. The TransAtlantic Telegraph Cable: Eighth wonder of the world[J]. *History Today*, 2000, 50(3): 44.

标准的主要制定者，虽然在名义上是非盈利的新闻和信息提供机构，但实际上，不是所有报纸都能获取到这些"标准"下的电报新闻资源。通常，只有长期与美联社合作的会员报纸，才能持续获得市场上受欢迎的最新内容。

即使会员报纸也并非能够随意地获取新闻。他们都必须严格遵循一些规定，例如，不能使用竞争对手的电报线路来传播报道。为了加强和维持核心机构对新闻和信息的严格控制，该社有意识地仅与部分报社建立伙伴关系。对于后续希望加入该联盟的报社，美联社设置了逐渐提高、日益严格的准入门槛。这种做法导致新兴社会力量创建的报纸几乎无法满足基本条件。如果一家报纸因未被美联社接纳而无法获取电报新闻资源，它通常会因为没有足够的新闻和信息来源而无法维持运营。如果某家新报纸表现出色，即使美联社愿意接纳，它们仍然必须以远远高于老会员的价格来获取该社提供的电报新闻资源。

当然，也有部分报纸依靠强大的资本背景，自主建立了自己的通讯社，为自己提供新闻资讯。这种做法并非没有障碍，由于联合控制协议的存在，西联电报公司会根据美联社的要求，限制这些报纸的电报线路使用。

依赖电报传播新闻资源的这种模式，对报纸施加了近乎全面的控制，严重限制了它们在新闻领域的自主创新和发展空间。这种情况在19世纪80年代愈发明显。在旧金山这样的大城市里，新兴报纸大多数都成为美联社的成员，使得独立报纸的数量日渐减少。大部分新闻机构和报纸，要么是美联社的分支，要么是获得美联社特殊待遇的合作伙伴。面对新闻和信息管理方面的质疑，美联社总经理威廉·史密斯（William H. Smith）在1884年的国会听证会上承认，为了追求其核心利益，美联社采用了与其他大型公司类似的策略——市场垄断。[①]

由于这种联合控制方式使新闻变得日益集中，社会中关于信息供需的矛盾也逐步加深，对公众舆论产生了越来越明显的影响。这导致从19世纪70年代初开始，国家层面开始重视其产生的影响。在1870年1月，参议院决定成立了名为邮政电报选举委员会（The Select Committee on the Postal Telegraph，SCPT）的机构，该机构的主要职责是调查由电报公司和通讯社引发的"电报：新闻垄断"（Telegraph: News Monopoly）现象。[②]

---

① Blondheim M. Rehearsal for Media Regulation: Congress Versus the Telegraph-News Monopoly, 1866－1900[J]. *Federal Communications Law Journal*, 2004, 56(3): 299–327.

② 由卡德沃拉德·沃什本（Cadwallader C. Washburn，1818.3－1882.5）在国会授意下牵头成立。

在经过为期两年的调查后，报告明确指出，控制电报信息与塑造公众观点之间已然形成确凿的关联：

……在任何重大危机中影响公众舆论和行动的能力，均被那些控制电报的人所掌握。①

尤为值得关注的是，这种左右公众观念的电报信息以日常新闻的形式广为存在，对公众认知的介入难以消除：

……对当天的新闻涂上他所选择的颜色，从而严重污染了公众舆论的源泉。②

调查揭示了电报信息在新闻传递过程中所受到的严格控制，这种控制在整个传播领域中的表现尤为明显，并已成为广泛的行为模式。从新闻学的视角来看，电报信息在其所处的历史时期内，在新闻传播领域的操作和运作方式清晰地展现出"结构性媒体控制"的特性：当信息与新闻通过电报这一渠道传递时，它们会受到选择性传播所执行的过滤。这种选择性传播策略导致信息的多元化在一定程度上受到限制。事实上，这不仅阻碍了新闻产业的再生能力，还进一步抑制了反主流观点和批判性声音的产生和传播，进而可能导致公众舆论的单一化，缺乏必要的多元性。

因此，在19世纪70年代初，社会对少数电报和新闻机构集中控制新闻与信息的强烈反感，显然已经成为社会政治氛围中的显著标志。众多社会组织，如全国农业基金会、美国劳工联合会、劳工骑士团体、全美贸易委员会以及纽约贸易和运输委员会，不仅表达了对此种集中控制的强烈不满，还积极成为反对这种集中控制的重要力量。随着时间的推移，到19世纪末，大批公众在请愿书上签下了自己的名字，强烈请求美国国会采取立法措施，③以打破电报媒介对新闻和信息的垄断，并恢复新闻传播的通畅。这一普遍的公众诉求，实际上体现了打破新闻和信息传播所受技术性约束和限制的迫切愿望。

---

① Parsons F. The Telegraph Monopoly[M]. Pennsylvania: C. F. Taylor, 1899.98.
② Parsons F. The Telegraph Monopoly[M]. Pennsylvania: C. F. Taylor, 1899.99.
③ Parsons F. The Telegraph Monopoly[M]. Pennsylvania: C. F. Taylor, 1899.12.

第四章　电报新闻：19 世纪末的新趋势

技术因素不仅显著影响了新闻的运作，对新闻的表达也发挥着主动改造的作用。新闻表达的特点并非固定不变，印刷技术对报纸文章的风格曾产生显著影响。在 18 世纪初，为了适应当时传统活字印刷技术的限制，英国《闲话报》(*The Tatler*，1709) 和《旁观者》(*The Spectator*，1711) 这两份报纸减少了口语化和抒情的表达手法，相应地缩短了文章长度，同时采用了更偏向评论性的语调。[①] 到 19 世纪初期，为了适应新的排版技术，报纸的表达特征再次普遍开始发生改变，强调稿件行文前后语调要保持一致，语言表达尽量不使用带有明显个人情绪的词汇。[②]

19 世纪中期以后，通讯社与电报技术公司紧密结合，共同形成了信息传播的垄断实体，这个实体在信息和新闻传播领域起到了举足轻重的作用。电报信息和新闻的结合不仅简单叠加，同时也为那个时代塑造了独特的传播模式。与此同时，商业报纸的出现也为这种模式提供了有力支持，共同推动了符合电报编码传递的语体在新闻撰写中的广泛应用。

由于电报和通讯社的紧密合作，新闻在撰写时展现出了独特的语言特征和体裁，这种语言风格与之前的传统写作方式相比显著不同。变化不仅局限于语言本身，还影响到了新闻的内容、结构和呈现方式，并在现代新闻和信息传播中持续可见。电报式的简洁、高效语体成为新闻传播的标志性特点，为 20 世纪的新闻报道奠定了基础。

电报网络使得分布在各地的记者和新闻站点，能够直接将信息提交到新闻处理流程中，特别是突发新闻。但由于编辑和记者不具有曾经的开放性新闻编辑室 (News room) 环境，只能在有限的新闻栏目 (News column) 空间中施展才华，[③] 而且新闻总部始终可以直接对这些新闻进行监

[①] 两份报纸由艾迪生和斯蒂尔于 18 世纪初合办，每周 3 期，其小品文对英国散文语言风格产生过影响。

[②] [加] 哈罗德·因尼斯. 帝国与传播[M]. 何道宽译. 北京：中国人民大学出版社，2003：171.

[③] News room 是 19 世纪早期及以前，新闻搜集和交换的主要中介场所，column 则是现代新闻的主要存在形态。

督和审查，这让总部保持了对新闻及其价值的控制。因此，美联社要求其记者在遇到具有重要新闻价值的消息时，正式发稿前先提交简单提要，并等待进一步指示。

为了提高审查工作的效率，引入了一定程度的"规律性"或"协同性"。当存在这样的规律性时，新闻的定义可能会更加倾向于遵循一定的框架或模板。苏珊·R. 布鲁克-格罗斯（Susan R. Brooker-Gross）针对新闻传播的组织结构变迁进行了深入探讨。根据她的观察，新闻报道在集中化过程及其相应控制之下，与电报有关的要素在对新闻定义的塑造中显著超过了其他因素。上述现象表明，特定的传播工具和方法在新闻定义的构建中发挥了核心的作用，这在很大程度上影响了公众对事件的认知和理解。[1]

在高度中心化的组织结构或治理体系中，位于该结构外围或底层的群体，经常受到固定和预设情境的约束，这导致他们在很多时候难以积极地参与到至关重要或具有策略价值的讨论和沟通中。这种中心化的模式，最为显著的特点就是它倾向于构建一个主导的单向信息流动结构。在这种结构模型下，信息几乎总是从组织的核心部分向外部传播。而处于外围的人群，在很多情况下都缺乏有效的途径和手段，来将自己的意见、观点或反馈信息传达回中心。这种沟通方式容易被归类为"自上而下"的模式。因此，在电报新闻模式中，阅读新闻（信息接收者）常处于被动角色，他们提供或反馈信息的机会也受到了很大的限制。

这类模式中，通过严密设计的格式和内容，可以实现对信息传递的引导和塑形。这种引导功能在某种程度上可以比作化学作用中的触媒，促进信息特质的显现和传播效率的提升。这些变化是有序的，不是随意发生的，而是在媒介技术的既定规则和架构下展开，目的是让信息传递更贴近于预期的效果。因此，在电报式新闻的环境下，尽管观众在阅读新闻或接收信息时似乎得到了满足，实际上他们还是处于一个较为被动的地位，因此在提供反馈或参与信息交流方面的机会大大受限。

第一节　普遍性的语言裁剪

理论研究者和实践工作者在探讨信息传播的准确性和效率之间的关系时，以及面对特定编码和传输技术的挑战时，共同开发了一套广泛被社会

---

[1] Brooker-Gross S. R. News wire services in the nineteenth-century United States[J]. *Journal of Historical Geography*, 1981, 7(2): 167–179.

接受的语言简化和精炼策略,即"缩写"。这种策略在多种信息传播环境中被广泛应用,并且不断地被深化和普及。在新闻传媒和信息传递的核心领域,这种缩略的表达方式不仅催生了语言表达方式的渐进变革,而且还影响了信息呈现的技巧、总体架构和结构模式。

需要明确的是,这些缩写产生的缩略语虽然深受自然语言的影响,但它们与传统的自然语言使用模式存在明显的区别。缩略语最初通常应用于满足新闻记者或信息采集者迅速、全面地传达关键新闻或其他重要信息的需求。得益于这种特定的应用背景和记者的广泛采纳,部分缩略语在传统语境中得以长期存在并逐步被普及。

一、语言缩略的流行

早期莫尔斯码采用的点划式符号体系,最初被称作"莫尔斯电报字母表"(Morse Telegraphic Alphabet)。这样的命名暗示了该体系最初被视为字母表,而不是一种编码机制。但这种分类方式有误导之嫌。在传统字母表中,字母主要用于检索信息,而在莫尔斯码体系中,字母不再用于检索或指向,而是成为编码和解码的对象。在此背景下,字母实际上成为了意义的符号化体现,而编码的过程就是对这些字母进行更深层次的符号化。本质上,这是在原有抽象基础上增加了另一层抽象,因此,该体系应被视为二级编码机制。

莫尔斯码利用其简洁的点和划符号体系,清晰展现了二进制属性,这与电报装置使用电键发出的声音信号完美匹配。从机器操作效率的角度讲,这样的精确匹配在诸多编码体系中被认为是极其高效的。从技术演进的视角考虑,莫尔斯码不只是替代了其他竞争性的编码体系,还区别于那些只适用于特定场合的编码系统,打破了限制,并成功地将广泛的日常语言整合进了电报的传输中。

这种广泛的适用性强化了莫尔斯码在信息传递领域的独特地位和优势。在电报系统的早期应用中,操作员在忙碌的间隙会与同事创造出一些仅供内部理解的简化用语,作为闲聊时的娱乐。随着民用领域的发展,有时需要通过电报发送非保密信息。因此,莫尔斯电报系统的联合发明者韦尔提出了使用缩写词来提升传输效率。

一种常用方法是将常用语或短语缩写成固定形式,即缩略语,例如发送"save my life",只需发送每个单词首字母"s m l"。这种表达特征在于遵循一般缩写规则,语义复原难度较低。

其他比如:

My health is improving 可以表达成 Mhii（我的健康正在好转）；
Stock have fallen 可以表达成 Shf（股票跌了）；
Your message is received 可以表达成 Ymir（来讯收悉）；
When may I expect the goods? 可以表达成 Wmietg（我要去哪收货？）；
Will you exchange gold for Eastern funds? 可以表达成 Wyegfef（你想用黄金交易东方基金吗？）等等。①

尽管韦尔的设计具启发性，但所设计缩略语重叠度高，实用性不足，如"save my life"的"s m l"也可表示"set many light"（点燃许多灯）。电报语言要求必须能够被准确复原。

为推广莫尔斯电报并获益，投资者之一众议员史密斯（Francis O. J. Smith）编写了《保密通信词汇》（The Secret Corresponding Vocabulary）一书，专用于莫尔斯电报的信函撰写、邮件及其他传递需求的指导。这是一本相对简化的编码手册，它主要按照字母顺序来使用数字编号，列出约 56 000 个词汇（如图 4–1 和图 4–2 所示），并附说明。

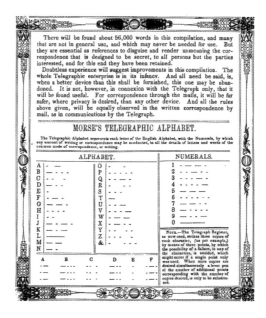

图 4–1　1845 年史密斯编码书的使用说明及列出的莫尔斯码②

---

①　Vail A. The American Electro Magnetic Telegraph: With the Reports of Congress, and a Description of All Telegraphs Known, Employing Electricity Or Galvanism[M]. Philadelphia: Lea & Blanchard, 1845.52.

②　Francis Ormond Jonathan Smith. The Secret Corresponding Vocabulary: Adapted for Use to Morse's Electro-magnetic Telegraph[M]. Thurston, Ilsley & Company, Printers, 1845. 8.

A 1250.

1050		1100		1150		1200		1250	
1001	Afforested	1051	Afront	1101	Afterwit	1161	Aggression	1200	Agreement
2	ing	2	Aft	2	witness	2	ive	2	Agrestic
3	Affranchise	3	After	3	wrath	3	or	3	Agricultor
4	ed	4	acceptation	4	writer	4	Aggrieve	4	tural
5	ment	5	account	5	Again	5	ance	5	ture
6	ing	6	act	6	Against	6	ed	6	turism
7	Affray	7	ages	7	Agape	7	ing	7	turist
8	ment	8	all	8	Agast Aghast	8	Aggroup	8	Aground
9	Affrieght	9	land	9	tria	9	ed	9	Ague
1010	ed	1060	birth	1110	Agaze	1160	ing	1210	ed
1	er	1	clap	1	ed	1	Aghast	1	fit
2	ing	2	comer	2	Age	2	Agile	2	proof
3	ment	3	comfort	3	ed	3	ly	3	struck
4	Affright	4	connection	4	edly	4	ness	4	ish
5	ed	5	cost	5	Agency	5	ity	5	ishness
1	edly	6	conduct	6	gent	6	locum	6	Ahead
7	er	7	course	7	gentship	7	Agitate	7	Aheight
8	ful	8	crop	8	Aggerate	8	able	8	Ahoy
9	fully	9	days	9	tion	9	ated	9	Aid
1020	ing	1070	divulger	1120	Agglomerate	1170	ating	1220	ed
1	ment	1	eatage	1	ed	1	ation	1	er
2	Affriction	2	endeavor	2	ing	2	ative	2	ing
3	Affront	3	game	3	tion	3	ator	3	ance
4	ed	4	guard	4	Agglutinant	4	Agnate	4	less
5	ee	5	hope	5	ate	5	ic	5	Aid-decamp
6	er	6	hours	6	ated	6	tion	6	Ail
7	ing	7	ignorance	7	ating	7	Ago	7	ing
8	ingly	8	life	8	ation	8	Agog	8	ment
9	ive	9	love	9	ative	9	Agoing	9	Aim
1030	iveness	1080	math	1130	Aggrandize	1180	Agone	1230	ed
1	Affuse	1	most	1	able	1	Agonist	1	er
2	ed	2	noon	2	ation	2	ic	2	ing
3	ing	3	part	3	ed	3	ical	3	less
4	ion	4	piece	4	ment	4	ically	4	lessly
5	Afire	5	proof	5	er	5	Agonize	5	Air
6	Aflat	6	repentance	6	ing	6	ed	6	balloon
7	Afloat	7	report	7	Aggravate	7	ing	7	bladder
8	Afoot	8	sails	8	ed	8	ingly	8	born
9	Afore	9	stage	9	ing	9	ny	9	borne
1040	going	1090	state	1140	tion	1190	Agrammatist	1240	braving
1	hand	1	sting	1	Aggregate	1	Agrarian	1	built
2	mentioned	2	storm	2	ed	2	ism	2	drawn
3	named	3	supper	3	ly	3	Agree	3	ed
4	said	4	swarm	4	ing	4	ability	4	er
5	thought	5	taste	5	tion	5	able	5	gun
6	time	6	thought	6	ive	6	ableness	6	holder
7	Afraid	7	times	7	tor	7	ably	7	hole
8	Afresh	8	tossing	8	Aggress	8	ed	8	ily
9	Africa	9	ward	9	ed	9	ing	9	iness
1050	can	1100	wise	1150	ing	1200	ingly	1250	ing

图 4–2　1845 年史密斯编码书 A 字母单词部分编码①

按照史密斯编纂的词典约定，发报和收报双方可以通过一系列数字代替文字来传达信息。这种方法确实开辟了新思路。随后，一些方法开始采用数字和词语的混合表达，而另一些方法则在已有的数字编号基础上进行增减。更复杂的方法是在数字编号上加入特定运算规则来形成编码。

最初行业内部尚未形成统一的缩略语标准，各个地域有不同的方言，使用的缩略语也不同。一些大型企业拥有专属电报线路，因此编撰了自己的缩略语。到了 19 世纪 50 年代，跨地域间电报业务员出于解决

① Francis Ormond Jonathan Smith. The Secret Corresponding Vocabulary: Adapted for Use to Morse’s Electro-magnetic Telegraph[M]. Thurston, Ilsley & Company, Printers, 1845. 21.

方言表达所造成的障碍，开始自编一些电报缩略语进行对话。由于许多高频缩略语有很好的通用性，出于提高电报拍发的效率，电报公司开始强制推广使用这种新型词语。很快，电报员通过电报网络使用简洁缩略语进行对话的做法，成为收发电文的标准。这个过程只用了2年左右的时间。

这一时期，电报操作员已经意识到，他们耳熟能详的那些词汇蔓延到了日常口语当中，并对前来办理业务的人们在表述自己发报意图时产生了影响。在电报发报工作的推动下，有人在1859年编撰了一些得到同行认可的缩略语，例如：

"GA"代表"前进"（Go ahead）（— —．．—）；

"SFD"代表"停下来吃饭"（Stop for dinner）；

"GM"代表"早上好"（Good morning）。

数字也被用作缩略语，如：

"1"表示"等一会儿"（Wait a moment）；

"2"是"马上收到回信"（Get answer immediately）；

"33"是"在此付费"（Answer paid here），如此等等。①

编纂缩略词典是一项既耗时又费力的工作。但是，一本既能使语言更加简洁又能完整传达其客观含义的缩略词典，往往受到广泛欢迎。这种市场需求激发了编目专家、分类学家和词汇学家的研究热情，他们不断尝试不同的方法来实现语言的高效精简。

大约同一时期专门研究编码的另一本书籍《简明电文和高密信息信函的三字母码》(*Three Letter Code for Condensed Telegraphic and Inscrutably Secret Messages and Correspondence*)在伦敦问世②。这本书不仅收录了常见的词汇和短语，还涵盖了英国各地名、伦敦证券交易所所有上市股票的名称、日历、英国陆军团的编制名称、所有注册为英国国籍船只的名称，甚至还包括了英国有爵位的贵族的名字（图4-3）。这些词汇和名称被进行梳理和数字编号之后，可以在一定程度上实现某些形式的简写。该书一共罗列了27 000个词汇和名称。

---

① Standage T. Writing on the Wall: Social Media—The First 2 000 Years[M]. New York: Bloomsbury Publishing, 2013.183.

② 厄斯金·斯科特（E. Erskine Scott）编，伦敦 Ballantyne Hanson & Co. 公司于1874年出版。

第四章 电报新闻：19世纪末的新趋势

	PAGES
I. EXPLANATORY PREFACE AND EXAMPLES	iii–ix
II. VOCABULARY OF COMMON WORDS, COMBINATIONS OF TWO WORDS, AND ABBREVIATIONS IN COMMON USE	1–225
III. LIST OF ALL NUMBERS FROM 1 TO 27,000	1–225
IV. VOCABULARY OF GEOGRAPHICAL NAMES	1–78
V. ,, SURNAMES	79–179
VI. ,, CHRISTIAN NAMES	180–188
VII. NAMES OF ALL STOCKS AND SHARES QUOTED IN THE LONDON STOCK EXCHANGE LIST	189–204
VIII. ALL THE DAYS IN THE YEAR	205–208
IX. ALL SUMS FROM 1D. TO 19s. 11D. STERLING	208–210
X. ALL REGIMENTS BELONGING TO THE BRITISH ARMY	210–211
XI. ALL SHIPS BELONGING TO THE BRITISH NAVY	212–213
XII. THE NAMES OF ALL PEERS OF THE REALM	214–217
XIII. REGISTRIES OF SHIPPING	220
XIV. SUPPLEMENTARY CODE FOR DESIGNATING NAMES OF REGISTERED VESSELS	227

图4-3 1874年《简明电文和高密信息信函的三字母码》目录[①]

该书的本意是用来实现电报信息的快速编码发送和节省开支，由于信息量太大，用单纯的数字序列编码就显得有些简单，效果非常有限：发送"1551"编号代表的词汇与发送相应文本内容所需的价格相差无几。再例如单词"zoo"，如果只使用数字编码则为"21764"，但按编码发送的费用反而不如直接发送文本内容来得低，因此这本书仅是编码探索过程中的实验性产品。不过，这本书具有其独特的研究价值，因为它编纂的词汇和名称覆盖了日常社交交流的各个领域，对于研究缩写语言的影响而言，呈现了一个极佳的全景视角。为了更好地使用市场规则，越来越多的人对行业的专用语言进行分类加工，这本书所列举的内容成为他们工作的重要参考资料。

19世纪80年代，出版一本名为《统一商业电报编码指南》（*ABC Universal Commercial Electric Telegraphic Code*）的书（见图4-4）[②]，本书最大特色就是覆盖面非常广泛，几乎涉及经济活动中的全部常用语言。作者将所搜集到的用语整理成短语，并按关键词进行分类，最终编出一部涵盖广泛的短语词典。由于其内容的真实性，这本书甚至成为了解英国当时社会经济状况的辅助资料。

---

① Erskine Scott E. Three Letter Code for Condensed Telegraphic and Inscrutably Secret Messages and Correspondence[M]. Ballantyne Hanson & Co., 1874.7.

② 威廉·克劳森·图厄（William Clauson Thue）编撰，Eden Fisher & Company 于1883年出版。

编码与传播

```
STOCKS—British, Colonial, and Foreign.      337
CODE No  CODE WORD
16001    ABABILO    ANTIGUA 6 per cent. 1865
16002    Abacare    Argentine Confederation 6 per cent. 1866-8
16003    Abacarono              6 per cent Public Works 1871
16004    Abaceros               6 per cent. Hard $ 1872
16005    Abachiera      Buenos Ayres 6 per cent. 1824
16006    Abaciscus      Buenos Ayres 3 per cent.
16007    Abacorum       Buenos Ayres 6 per cent. 1870
16008    Abactoris      Buenos Ayres 6 per cent. 1873
16009    Abaculorum     Entre-Rios 7 per cent. 1872
16010    Abaetado       Santa Fé 7 per cent. 1874
16011    Abafador    Austrian 5 per cent. consolidated
16012    Abainhar               5 per cent. paper rentes
16013    Abaissames             4 per cent. gold rentes
16014    Abajasteis  Australasia.  New South Wales 5 per cent. 1871-6
16015    Abalada                5 per cent. 1888-92
16016    Abalizar               5 per cent. 1866
16017    Aballaban              5 per cent. 1867
16018    Abalofar               5 per cent. 1868
16019    Abalorios              5 per cent. 1870
16020    Abalroando     New Zealand 4 per cent. 1857
16021    Abambera               6 per cent. 1861
16022    Abanderung             6 per cent. 1864
16023    Abanicaban             5 per cent. 1868-71-72
16024    Abanicamos             6 per cent. 1866
16025    Abaniquero             6 per cent. 1866-7
16026    Abartung       Auckland 6 per cent.
```

图 4-4　1883 年《统一商业电报编码指南》中部分股票编码[①]

例如，序列号 10054 至 10065，以 "恐慌" 为关键词的相关短语：

A great panic prevails in（somewhere）：某地爆发大恐慌；

The panic is settling down：恐慌平息；

The panic still continues：恐慌延续；

The worst of the panic is over：恐慌最高峰已过；

The panic may be considered over：恐慌可以被看作结束。

编号 11310 至 11330，以 "雨" 为关键词的相关短语：

Cannot work on account of rain：下雨，不能工作；

The rain has done much good：降雨帮了大忙；

The rain has done a great amount of damage：降雨的破坏很大；

The rain is now pouring down in good earnest：正在大雨倾盆；

Every prospect of the rain continuing：降雨可能持续；

Rain much needed：雨水多多益善；

Rain at times：时有阵雨；

Rainfall general：雨量一般。

编号 11310 至 11330，关键词为 "沉船" 的相关短语：

---

① William Clauson Thue. ABC Universal Commercial Electric Telegraphic Code[M]. Eden Fisher & Company, 1883. 337.

第四章　电报新闻：19世纪末的新趋势

　　Parted from her anchors and became a wreck：起锚后沉船；
　　I think it best to sell the wreck as it lies：我认为最好以沉船的现状出售；
　　Every attention will be made to save wreck：将尽全力挽救沉船；
　　Must become a total wreck：船肯定彻底沉没；
　　Customs authorities have sold the wreck：沉船已被海关拍卖；
　　Consul has engaged men to salve wreck：领事已安排人手去营救沉船。

　　因为词典主要为金融和商业方面服务，除了像上文那样对关键词编号，书中对所能搜集到的专用名词也统一进行了数字编号，铁路、银行、矿、商品、舰船、港口名和国内外证券交易所的股票名称等，都在编纂范围。

　　信息在经过缩略编码后的传播，不仅可以准确传递，还能大幅节省开支。社会对这种通信方式的热衷日增，但凡发送电报信息，人们都会先查阅编码手册。这引发了对日常用语进行整理的编码热潮，像《统一商业电报编码指南》这种涵盖面非常广泛的书，引发了一些人的复制和模仿。

　　复制式传播造成了编码在市场上数量庞大、种类繁多，各个依靠电报传递信息的领域都有自己使用的缩略语。1884年伦敦和西北铁路电报部门制定了一份缩写编码列表并开始使用，随后该列表每年以增加100多条句子和短语的速度扩增。到19世纪90年代，缩略语的使用已经相当普遍。通过电报发送的消息，超过75%是经过缩略语二次编写的。按照1891年伦敦《电气评论》（*Electrical Review*）的说法，一个普通的英国电报站若采用缩略码列表发送信息，一天内能减少5 000多个单词的信号传递。①

　　编码缩略书籍成为一本本的出版物，流行在社会各个领域，社会信息的传播方式也随之调整，以适应这种编码的表达需求。缩略语只能对事先约定的意义进行传递，而想要通过编码信号传递一则没有事先约定的事件，就必须约定更多的语义。随后，越来越多的自然语言被转化为电报缩略语言。随着编码研究的持续进行，词语精细化的特征越来越突出，② 电报编码缩略册子的版本不断更新，页数不断增厚，铁路、航海、商业、贸易等领域都不断涌现各自的专用手册，而书商和小麦经销商所用词汇的差别

---

　　①　The Electrical Review Vol.29[M]. Electrical Review, Limited, 1891.663.
　　②　这个过程一直在持续。19世纪80年代时发展出了仅用"单字"来表示某项完整示意的电报专业用语。例如，如果只发送Betting，代表的意思为To what amount shall I back for you at present odds?（在当前赔率下我该为你下多少钱的注？）只发送Bootmaker，意为These boots don't fit, send for them directly.（这些靴子不合脚，派人来直接取走。）只发送Washerwoman，意为Call for the washing today.（今天来把要洗的衣服取走。）只发送Weather，则专指为It is far too rough for you to cross today.（今天的暴风雨对你来说太大，不要冒险。）——《便携电报编码》（*Pocket Telegraphic Code*），London: W.H. BEEK & Co. 1885.

也日益增大。

在词汇和语言传播的过程中，准确性和清晰性是不可或缺的关键因素。然而，简洁迅速与准确清晰之间往往存在一种矛盾关系。电报系统所采用的编码语言在形式上追求简短精炼，而在语义上则力求尽可能丰富和扩展。在长时间的实际运用中，这种编码语言逐渐演变出了许多相对固定的缩略表达方式。这些缩略语的形式不易修改，部分原因是其所承载的语义已经相对固定，另一方面则是因为它们已经在较为广泛的范围内得到了认识和使用。一旦对其进行任何改动，哪怕只是一个字符或符号，所表达的语义都可能发生显著的变化。

缩略语，在电报编码中扮演着预先约定的表达符号的角色，本质上是在字母编码之上增添了一层附加的语义层。这一过程中，词义的传递需经历两重编码（即加密和解密过程），从而对词义的流通加以更加严格的控制。缩略语的使用实质上是将词汇作为符号来运用，进而将其与其代表的含义分离。在信息传递过程中，缩略语主要的作用是界定语言的意指范围。通过与词典中的约定意义集合相借鉴，编码缩略符号与含有确定意义的词汇及语言建立了密切的联系。在此基础上，缩略语展现了两个主要功能：一是描述对象和表达特定意义；二是对语言形式进行规范化。因此，缩略语成为电报技术与自然语言关系中的一个重要连接点。

有学者将新闻语言中出现的这种现象称为"Cablese"（电缆语言），也有研究者将其命名为"电报语体"。不论采用哪种称谓，这些术语都准确地凸显了电报传输的简洁和直接性在形成这种独特语言风格中的中心作用。如果进一步细化，我们会发现编码实际上扮演了更为关键的角色。因此，这种独特的语言风格应当被称为"编码语体"。

编码语体反映了新闻生产技术、流程及其社会传播效果的综合影响。这种理解有助于我们深入探讨媒介技术的影响范围和效果，同时意识到电报编码在语言使用上所引发的实质性变化。通过对编码语体的研究，我们能够更清楚地看到编码传递如何主动塑造新闻传播及其在语言应用领域所展现的历史性影响。

二、新闻缩略语的行业化

最初的电报内容是将句子中每个单词的字母和标点全部拼出，例如"巴尔的摩呼叫纽约。"这样的句子，通常会将每个字母及标点都拼写出来。对于陈述性信息，发信员常要求接收站重复信息，确保传递无误。这要求两端的通信人员使用统一的编码来确保传递信息的准确性。

电报系统的使用费用取决于电报内容的字数和发报距离的长短。1845年在华盛顿的电报价格大约是每个单词5美分，但由于跨洋电报系统使用昂贵的海底电缆，因此其价格非常高。将欧洲的消息传递至美国报纸，费用通常按次计价，每次约含10个单词，这样的计价单位被称作"一个cable"（cable特指海底电报线缆）。如果要表达完整的意思，即便只是一条短语，经过编码后要到达大西洋对岸至少需要支付数美元，如果要用10个单词的句子来表达，费用近100美元。无论对于商用还是民用，如此价格在当时来说都不属于轻易能承受的。

新技术面世经常显露出自相矛盾的一面：发展需快，但昂贵的使用价格通常会给社会的中低收入群体（技术应用的潜在最大群体）带来经济负担而难以如愿。从19世纪40年代后期开始，电报基础设施建设显著加快，由于建设成本快速增加，电报费用无法在短期内降低，这种矛盾妨碍了普通电报业务的开展。降低传播费用就成为市场上的迫切需求，甚至超过了信息保密的需要。一部分电报中介首先推出了被称之为"packing"的服务，即将多条信息打包传输。一"包"通常包括4条信息，每条信息最多包含5个关键词。这样一"包"信息就可以容纳20个单词的含义（图4-5）。

```
WHEAT.
If it be necessary to give "half cent" quotation, add the termina-
tion of " ed," as " decayed," 126¼.
    KALE. Dull, but prices are firm.
    KHAN. Firm, with good milling inquiry.
    KATA. Supplies of Western mixed are larger, and prices heavy.
    KAW. Steady and firm.
    KECK. Fair demand; firmness holders checks operations.
    KEDGE. Fair milling demand for prime.
    KEEK. Prime Ohio in good demand.
    KEEL. Moderate inquiry; market steady.
    KEEN. Prime in fair demand; market firm; common descriptions
dull, with downward tendency.
    KEEP. Firm, but dull.
```

图4-5　1852年纽约州奥尔巴尼农产品市场小麦交易部分语义编码[1]

当信息理论遇见市场经济学，对编码规则的深入探讨和市场的细致分析让我们明白，经济的高效运转与信息的准确传达之间有着不可分割的联系。如"能帮我捎个信么？"的表达，在其语境中不仅是一个日常的请求，还包含了某种文化中属于礼仪和修辞的意义。然而，当我们将其与电报系统的传输费用结合起来分析，显而易见，这些修辞成分在信息传输中产生

---

[1] Alexander Jones. Historical Sketch of the Electric Telegraph[M]. New York: G. P. Putnam, 1852. 126.

了不小的额外费用。在当时，该信息若需要传输50英里（约80千米）的距离，其费用为6便士，其中高达60%的费用都是为这些非核心信息部分支付的。

对于以发送电报为主要信息交流手段，通过报道来维持生计的新闻记者而言，这样的"修辞负担"显然过高。他们很快意识到，筛除这些"表示某人具备较高文化修养的语言元素"，能够显著地减少信息传输的费用，从而提高经济回报。因此，当电报编码被广泛应用于新闻传播领域时，新闻工作者开始寻找各种策略，试图用最经济、最简洁的语言来传递最丰富的信息内容。

这种经济性需求推动了简约、直接的语言风格，进而催生了各种缩略语的产生。在市场信息采集的研究中，有关"如何更经济高效地进行电报传输"成为一些先驱者尤其关注的问题。这些信息采集者具备分析能力和洞察力，他们追求信息传输中的最大效率和经济效益。

（一）亚历山大·琼斯的贡献

作为一名具有杰出实践能力的新闻记者，亚历山大·琼斯对电报传输中的缩略语言进行了重要的研究与实践，作出了显著贡献。他和他的同行运用一套经过深入研究和策划的速记系统，以确保与农产品交易相关的各种细节的记录，例如原材料或生活必需品的产量、采购、销售以及价格等关键信息，都能在传输过程中得到简洁、准确无误的表达。这种系统化的方法不仅提高了信息的传输效率，还在很大程度上降低了与之相关的成本（图4-6）。

在信息传播领域内，通常会强调"简洁性"这一概念的重要性。然而，简洁性不仅仅关乎表达的简练或者是精简的技巧。在信息理论领域，简洁性的深层含义在于如何利用最少的符号来编码并传递尽可能多的信息。这一编码与传递过程实质上是一种优化手段，目的在于降低信息的冗余性，以提升信息传递的效率。追求简洁性并非孤立的行为。在商业活动中，信息的迅速传递和流通对企业和个人来说至关重要。因此，追求简洁性不仅是为了减少开支或节约资源，更重要的是为了满足社会对信息高效率与快速传递的迫切需求。在这样的大环境下，追求简洁性显得更加关键，因为它直接影响到信息的价值以及它在社会中的流通效率。

第四章 电报新闻：19世纪末的新趋势

> LAIN. Foreign news; unsettled market; no sales of importance made.
>
> YELLOW CORN.
>
> | | | | | | | | |
> |---|---|---|---|---|---|---|---|
> | Fang, | - 57 | Fault, | - 67 | Feign, | - 77 |
> | Farce, | - 58 | Faun, | - 68 | Feint, | - 78 |
> | Fare, | - 59 | Favor, | - 69 | Fell, | - 79 |
> | Farin, | - 60 | Fay, | - 70 | Felt, | - 80 |
> | Farm, | - 61 | Feal, | - 71 | Fen, | - 81 |
> | Fash, | - 62 | Fear, | - 72 | Fence, | - 82 |
> | Fast, | - 63 | Feast, | - 73 | Feud, | - 83 |
> | Fatal, | - 64 | Fed, | - 74 | Fenny, | - 84 |
> | Fate, | - 65 | Feel, | - 75 | Feral, | - 85 |
> | Fatly, | - 66 | Feet, | - 76 | Ferny, | - 86 |
>
> *Prefixes.*
> "ex," delivery within a few days. "un," delivery during month.
> "in," delivery during next month. "re," $\frac{1}{2}$ a 1. "de," $\frac{1}{2}$ a $\frac{1}{4}$.
>
> *Terminations.*
> "ed," $\frac{1}{4}$ "able," 1. "ing," $1\frac{1}{2}$. "ment," 1 to 2.

图 4-6　1852 年纽约州奥尔巴尼农产品市场玉米交易语义及价格编码[①]

布法罗（Buffalo）等城市的投机商仅需使用大约 20 个缩略词，就可以将通常约需 100 个单词才能表达的市场信息通过电报编码传递出去。按当时每 10 个单词收费 50 美分来计算，使用缩略词可以至少节约 80% 的费用，即每 100 个单词可以节约 4 美元。从 1847 年开始，缩略语被广泛用于发送至纽约、巴尔的摩、波士顿、辛辛那提、新奥尔良和圣路易斯的商业新闻中。[②] 接收方每天在纽约收到由 10 个左右单词组成的波士顿市场消息，然后根据密码本进行翻译，如此反复。

投机商的速记或密码沿袭了字母表的经验，如果要保密就通过字母表对信息的字符变位或者替换。例如，根据事先约定的编码表，字母 a 可能以 y、z 或 x 表示，b、c、d 等其他字母也是同样的道理。如果要进行速记，就需要约定语义，并与指定符号建立对应关系。一般做法是编订词典，词典中的每个字符或词均有明确的指代短语意义，并按语义或其他的排序方式进行组织。

例如，在某个电报编码系统中，以 B 开头的词用来特指面粉的市场信息。在这个编码系统中，"baal" 指 "交易量比昨天少"；"babble" 指 "交

[①] Alexander Jones. Historical Sketch of the Electric Telegraph[M]. New York: G. P. Putnam, 1852. 128.

[②] Jones A. Historical Sketch of the Electric Telegraph: Including Its Rise and Progress in the United States[M]. New York: G. P. Putnam, 1852. 123.

投活跃，市场兴旺"；"baby"代表"国内和出口需求中等，西部市场稳定"；"button"指"市场冷清，价格低迷"等等。

发送者和接收者使用相同的语义词典是必要前提。由于词典是使用者自己编纂，不是出自电报公司之手，对于电报操作员来说，编码后的信息变得完全不可理解，因而也就具备一定程度的保密性。同一线路上的电报员之间可以在非常规语态的环境下准确清晰地理解语义，如同在会议中，参与者发出的不完全信息能被其他与会者准确解读。这种简化信息、便于传递的缩略语方法，不仅降低了传输成本，还能精确地还原语义，因此得到了行业的广泛认可。

无论是出于保密还是简化，作为电报语言的缩略语，其主要功能是用来报道预先约定事件的发生，例如货物将在上午9点送到。电报系统的静止状态表达的是"约定事件还没有发生"，而信号一旦发生，表明"约定事件发生了"。语句所含的意思均要有清晰的指向性，这种指向性需由发送者和接收者事先共同商定，以保证行为意义的一致，一旦这种指向性确定，任何一方都不得擅自改动，否则一致性和准确性就受到破坏。为保证电报编码在传播上的稳定性，通常会制定编码本，发放给每位使用者，确保内容的一致性。

19世纪40年代电报编码与商业新闻和信息结合之后，一批职业记者在文本写作中也使用电报缩略语，这推动了新闻专用缩略语的形成。

起初电报新闻的采集、传输和发行缺乏系统化。虽然电报局工作人员会使用缩略语，但他们的工作范围主要限于电报机周边，并不直接参与到社会和市场中的新闻采集和转发。因此，电报文本的使用主要由记者来完成。著名例子如前文所说，《泰晤士报》记者拉塞尔在1854年使用电报发送消息，为伦敦读者展现克里米亚战场上的见闻；美国记者亚历山大·琼斯在1847年使用自编简码传递新闻事件和市场消息。[①]琼斯1849年成为纽约港口新闻社第一任总经理后，将使用缩略语传递新闻的经验用于日常业务中。这些早期职业记者凭借职业上的巨大成功推动了缩略语在新闻行业中的使用，为报纸新闻风格改变起到重要的催化剂作用。

电报缩略语在经济领域带来的显著效益，以及其在社会各个角落的广泛应用，从而获得了持续而深入的关注。这种现象的背后是其实际应用价

---

① 亚历山大·琼斯是职业记者，同时负责《纽约商报》和几家英国报刊新闻报道的撰写。1846年秋，"奥尔巴尼号"（USS Albany）军舰在纽约布鲁克林海军工厂建成下水，这一美国海军重要的历史事件，就是由他在纽约使用电报将报道发送到《华盛顿联合报》（Washington Union）编辑部。这是第一篇使用电报发送的现代意义上的消息体裁类新闻。

第四章 电报新闻:19世纪末的新趋势

值的体现。从19世纪50年代开始,众多知名的通讯社,如路透社、美联社等,都开始采用电报缩略语来高效编发新闻报道。

(二)重要推动者:沃尔特·菲利普斯

沃尔特·菲利普斯(Walter Polk Phillips, 1846—1920)在电报缩略语的发展中起到了重要的推动作用。当时,为了提高电报传输的效率,普遍的做法是缩短语句并去除单词中的元音字母。这种做法为新闻机构的管理层提供了提升电报员工作效率的参考。1879年,作为当时港口新闻社的总经理,菲利普斯负责电报业务。他利用实践经验,精心开发了一套缩写系统(图4-7)。这套系统被称为"菲利普斯码"(Phillips Code),是一种专门为新闻电报传输设计的缩略语体系。菲利普斯将这套系统标准化并广泛应用于新闻稿件的电报发送中,这标志着电报缩略语被正式融入新闻工作流程,并得到了广泛的采纳与运用。

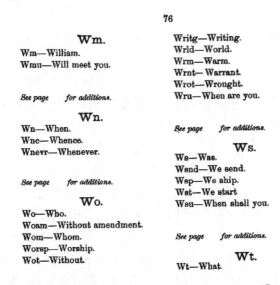

图4-7　1876年菲利普斯码部分新闻用语的编码[①]

普通的电报操作员使用莫尔斯码可每分钟敲击30~35个单词,而应用菲利普斯码则可提升至每分钟45个单词。这套编码的使用范围广,甚至延伸到美国官方文件的语言中。

符号本身是单词或句子的不同程度摘录,因而能表示它们的基本内容

[①] The Phillips Telegraphic Code for the Rapid Transmission by Telegraph of Press Reports, Commercial and Private Telegrams, and All Other Matter Sent by Wire Or Cable,P.76,Gibson Brothers出版社1876年出版。

特征。然后对这些符号进行了编排让其成为编码，编码的原则模仿了莫尔斯码，让越高频次出现的语言元素所使用的符号越短，并让最短的符号用于最高频次的打字机按键。许多常见短语由单个字母表示，如"F"表示"Of the"，"K"表示"Out of the"，"W"表示"Of which"等等，其他则由2～3个字母符号表达，最终形成的常用缩写单词和短语约为3 000个。

词汇方面，如：

"Sby"代表"subsequently"（随后）；

"Nbh"代表"neighborhood"（邻居）；

"Kcn"代表"concentration"（专注）；

"Pprn"代表"preparation"（准备）等等。

句子方面的缩略如：

"Oljod"的意思是"Only a limited jobbing demand"（只有有限的职位需求）；

"Mwdc"的意思是"Market without decided change"（市场没有决定性的改变）等等。[①]

这本仅包含79页的编码手册，与旧有的编码方法相比，极大地简化了新闻稿编码工作流程，降低了敲击键盘的频率，进而加快了信息传输的速度。这项创新因其在减少行业成本方面的潜力而受到业界的广泛称赞，其手册首次发行于1879年，并且最早在美联社得到应用。

19世纪80年代，许多小城市重要报社的办公室通常都已经有两条以上的电报专线，纽约、芝加哥、波士顿的报纸则能多达约6～8条。通过这些电报专线，报社能够收到来自全国各地记者快速发送的各类简讯和重要报道。美联社通过8条从纽约延伸出去的线路，与诸如西部的圣保罗和南部的新奥尔良等重要城市保持持续联系，不断将搜集到的大量报道分发给各家报纸。在引入打字机之前，新闻和信息通过莫尔斯码传送并不轻松。为了保持发给各家报纸的新闻能尽可能体现时间上的同步，美联社在每次发送新闻电报时要同时准备20～30份副本（这也是纽约其他通讯社的一般做法），即使是其他较小城市，其副本数量也至少维持在4～5份。准备这些副本时，为了提高效率，用铁笔在蜡质薄纸上一次刻出多张，速度大约为每分钟30个单词左右。为了让每张蜡纸产生清晰的字迹，消耗的

---

① Phillips W. P. The Phillips Telegraphic Code for the Rapid Transmission by Telegraph of Press Reports, Commercial and Private Telegrams, and All Other Matter Sent by Wire Or Cable[M]. Washington: Gibson Brothers, 1879.(5–81)

力量十分惊人,即使再熟练的工人在速度上也很难超过每分钟35个单词,要想长时间保持稳定的速度就很困难。因此在使用简码之前,按照莫尔斯码每分钟约30～40个单词的正常工作速度,每条电线上每晚传送量平均约为8 000个单词,一整天的工作量约为18 000个单词左右。[①] 由于精神和体力上的工作压力巨大,新闻拖延的现象比较常见,这在持续8～9个小时的夜间报道中尤为突出。

借助菲利普斯编码,以及自1885年以来开始使用的用于制作发送副本的通用打字机,大多数发报员实现了比之前高得多的发送速度。美联社刻制副本的速度普遍从每分钟约30～35个单词提升至50～65个,有些电报员甚至能达到每分钟约70个单词的速度。因此,工作人员借助打字机和简码,能够在夜间发送的报道达到约14 000个单词,平均每日传送量能够达到约30 000个单词。[②] 新的编码系统使工作人员的工作效率提升了约30%。这一进步导致了通讯社向报纸提供的电报新闻数量大幅增长,美联社曾创下的最高纪录是在55分钟内向所有成员报纸发送了一篇长达约3 500个单词的重要新闻特稿。报纸因而能够获得更多种类的新闻和信息,为公众提供日益丰富的阅读内容,从而为其发行量的增加打下了坚实的基础。

由于语句都是预先设定好的,缩略语的使用确保了电报发送端和接收端得到的内容完全一致。这种方式使得对语句的修改等操作变得多余而逐步被淘汰,并且减少了因个人离岗或缺席而对整个新闻制作流程造成的影响,显著提升了信息传递的速度和准确性。在过去,准备一份经过修改和校对的副本,通常需要多人合作在一小时内完成。而现在,借助简码和打字机的帮助,往往只需一个人在半小时内就能完成12份5～6栏的排版副本。这一改变同样影响了其他重要工作环节。它不仅大大降低了笔误的发生率,减少了信息传递的延迟,还减轻了发报员和副本制作人员的劳动强度,因此这种方法得到广泛欢迎。为了规范操作流程,通讯社要求员工必须熟练掌握缩略语的使用。

缩略语的应用使得接收操作员能够以发送者的最高速率进行复制式接收消息,从而以更加精确的方式提供质量更高的副本。这种工作效率的显著提升带来了可观的经济效益。对于通讯社和报纸而言,促进新闻内容的销售和利润获取始终是一项紧迫的任务。因此,采用缩略语迅速成为新闻

[①] Electricity, a Popular Electrical Journal Vol.1[M]. Electricity Newspaper Company, 1892.264.

[②] Electricity, a Popular Electrical Journal Vol.1[M]. Electricity Newspaper Company, 1892.265.

机构在降低系统改造成本和提升行业竞争力方面的关键策略。

使用缩略语已经成为电报服务中不可或缺的重要组成部分。美联社的做法在19世纪70年代末期逐渐蔓延到了其他通讯社，例如，菲利普斯就在19世纪80年代初掌管合众社时重新采用了这套办法。① 这带动了当时整个新闻行业的改变，形成了一种职业风气。如果不懂得编码和写作，即使操作员的电报操作水平非常熟练，也不能在合众社或美联社里找到合适的职位，实际上几乎所有机构都已经使用缩略语来完成新闻的传送。

三、编码传递信息的重大改进

1872年，西联电报公司开始采用约瑟夫·斯特恩斯（Joseph B. Stearns）发明的双工电报系统。② 在1869年到1871年任职于富兰克林电报公司（The Franklin Telegraph Company）期间，斯特恩斯对莫尔斯电报系统进行了改良，第一次让这套系统具备了从同一条电线上向相反方向同时传输两条信息的实用功能。理论上，这套双工电报系统能将每条旧系统线路的承载能力增加一倍，③ 且不需要进行额外的基础设施建设。经过一些细节的改进，西部电报联盟在1873年后快速普及了这套系统，④ 其在黄金价格和股票行情数据传递的业务中大显身手。⑤

（一）时分复用技术

如前所述，莫尔斯码中的"停顿"信号在后续研究中得到了强化，成为现代信息高速传输中所使用的时分复用技术的基础。时分复用技术的目的是通过在同一条线路上不同时间发送不同信号，从而实现多条信息的并行传输。

例如，有三位电报员分别在不同的线路上，同时需要发送单词"eat""joy"和"dog"。他们的操作如下：第一位操作员发送他单词中的第一个字母"e"的编码，紧接着第二位操作员发送他单词中的第一个字

---

① Electricity, a Popular Electrical Journal Vol.1[M]. Electricity Newspaper Company, 1892.308.
② 这是1874年爱迪生多路系统（Multiplex）的前提。
③ 19世纪末的复用系统可以让多达8台的机器同时通过一条电报线路发送信息。(Brilannica Concise Encyclopedia, 2006)
④ 斯特恩斯的双工电报系统接着在英国、法国和比利时的线路得到应用，1875年后被用于大西洋电缆的通信。到1882年，除意大利、西班牙、俄罗斯和印度政府以及当时几家主要海底电缆公司使用之外，双工电报已经由中南美电报公司（The Central and South American Telegraph Company）从墨西哥特万特佩克岛（Tehuantepec）延伸到秘鲁西部港口城市卡亚俄（Callao）。
⑤ Hounshell D. A. From the American System to Mass Production, 1800–1932: The Development of Manufacturing Technology in the United States[J].The American Historical Review, 1984, 90(5).

母"j"的编码,然后第三位操作员发送他单词中的第一个字母"d"的编码。在完成第一轮发送后,他们进行第二轮,即第一位操作员发送他单词的第二个字母,以此类推。通过这种时分复用的方法,三个单词可以被编码成一个序列:"ejd aot yog"。在这个序列中,每个字母按照原先的发送顺序排列,每隔两个字母属于同一个操作员的原始单词。在这个排列中,"e""a"和"t"归属于第一位操作员,"j""o"和"y"归属于第二位操作员,"d""o"和"g"归属于第三位操作员。通过一种设备记录这个混合字母序列并按顺序发送出去,接收端也使用相同的顺序解码这些字母,确保每隔两个字母就能正确归属到相应的操作员,从而实现了信号的复用。这种方式的显著优点是每个电报员可以不用理会别人的工作而以自己正常频率不间断工作,因为即使是极其紧急的信息,也不需要通过插队的方式进入正在发送的序列中。理论上,如果有 N 个人同时发送信息,那么线路中的信息量相比单人使用时将增加 N 倍,从而使总体传输效率提升 N 倍。

(二)双工通信技术

在 1874 年,法国启用了由五位信元组成的博多码,这一进步显著提高了双工通信技术的传输效率。

博多码是由法国电报工程师埃米尔·博多在 19 世纪创造的电报编码系统。它受到早期电报编码设计的启发,特别是 1834 年由高斯和韦伯进行的研究。博多码使用了五位等长的编码模式,其中每个字符由五个电信号的不同组合来代表。埃米尔·博多在 1870 年首次提出了这种编码系统,并在 1874 年获得了其专利权。这一编码系统的关键创新在于,它在保持莫尔斯码的基本"通"和"断"信号状态的同时,调整了这两种状态的持续时间,以确保信号和间隔的长度相等。博多码不仅能够传输拉丁字母,还包括标点符号和控制信号的传输。① 继法国之后,英国、德国、比利时等国的邮政服务也开始全面采用博多码。到了 19 世纪 80 年代,大多数国家的电报公司已将非常熟悉的国际莫尔斯码转换成博多码。

在 19 世纪 70 年代中期,博多码的引入显著加快了电报信息的传输速度。结合打字机的普及和菲利普斯码的应用,信息传播的效率和容量实现飞跃式增长。这一进步使得美联社能够通过编码手段迅速将国内外的新闻

---

① 博多码传输时使用五键键盘,一般由左手两根手指和右手 3 根手指同时配合进行操作。一旦字母键被按下,就会被暂时被锁住而不弹起,直到分配器中的机械触点通过该键所连扇区,这时字母键会被触发而解锁,并发出可听见的咔哒声(称为"节奏信号"用以提示操作员),从而为输入下一个字母做好准备。操作人员需要专门的训练来保持每分钟 30 个单词的恒定节奏以配合机械运转。

发送至费城、巴尔的摩和华盛顿特区的报社，同时确保国会的最新动态能够快速传递给这些城市的主要报纸。到1875年，在一些高流量的长途电报线路上，使用单条双工线路进行的信息传输量已经等同于先前三条单工线路总传输量。①

在这一时期，世界电报线路总长达到150 000千米，这极大增强了电报传递新闻的能力，进而导致了19世纪80年代末新闻报道数量的激增。到1882年，通过缩写编码，从华盛顿特区、巴尔的摩和费城等周边地区传输到纽约的新闻量，每天大约有9 000篇。到1891年，这一数字增加到了每天15 000篇。同时，1880年，远程电报线路上传递的缩写新闻平均每天约有14 000篇，而到1891年，这个数字平均每天超过了40 000篇。②通过海底电缆传送的缩写新闻也显著增长。在1882年，全年的总量大约为405 000篇新闻，而到1891年，这个数字上升到了632 000篇。美联社总经理史密斯表示，到1891年，通过编码方式传递的国际新闻总量达到3 370 000篇（主要是转载）。③

新闻领域的效率提升使得新闻缩略语扩散到了其他领域，这启发了许多后来者开发出更复杂的编码系统来用于商业和其他信息的传递。曾经一度几乎每个行业每家有规模的公司在使用电报时，都建立了一套或者字母组合或者一组数字的编码体系。为了统一混乱的编码局面，美国铁路协会制定了一套近750页"菲利普斯标准编码"。④该编码扩大了近10倍的容量，涵盖了各行各业从商品数量、类型和运输目的地到突发事件描述的所有常见内容，这一全面性特征从其副标题也可以看出："供铁路局各部门使用"（For the Use of All Departments of the Railway Service）⑤。

随着新闻业务对电报信息的依赖程度不断加深，语言和词汇的编码传播蔓延到整个新闻行业，直至成为一种行业的写作风格。既然距离的遥远并不会减弱技术对内容的限制，而且这种限定性传播不会因为表达的主题而改变，那么编码传播日益精细化的后果，就是新闻表达多样化的愿望逐

---

① Carlson W. B., Allen M. T., Hecht G. The telephone as political instrument: Gardiner Hubbard and the formation of the middle class in America, 1875–1880[J]. *Technologies of Power*: Essays in Honor of Thomas Parke Hughes and Agatha Chipley Hughes, 2001: 27.

② Silberstein Loeb J. The International Distribution of News: The Associated Press, Press Association, and Reuters, 1848–1947[M]. Cambridge: Cambridge University Press, 2014.41.

③ Schwarzlose R. A. The Nation's Newsbrokers: The Rush to Institution, from 1865 to 1920[M]. Northwestern University Press, 1989.119.

④ Engineering Magazine Vol.3[M]. Engineering Magazine Company, 1895.114.

⑤ The Standard Cipher Code of the American Railway Association: For the Use of All Departments of the Railway Service，该书由纽约American Railway Association出版社于1906年出版。

渐萎缩。在19世纪80年代，国际电信联盟（ITU，前身即国际电报联盟，1885年改名）在瑞士伯尔尼和英国伦敦等地连续召开一系列国际电报技术研讨会，对英语、荷兰语、法语、德语、意大利语、拉丁语、葡萄牙语和西班牙语的电报编码手册进行了详细分类梳理，建立了统一衔接标准。这一标准明确了各种语言电报编码的格式和准则，使得全球范围内的不同语言电报能够实现畅通无阻对接。然而，这也为电报缩略语在更大范围内对新闻语言的规范性表达产生影响提供了契机。

《纽约时报》的报道风格和叙事策略的显著改变提供了清晰的例证。在1872年以前，该报的新闻报道通常表现出自由散漫、无明确框架的叙事风格。然而，随后其报道的内容和逻辑结构开始展现出更加高效、标准化的特点。这种新的叙述风格和语体不仅体现在具体的句子结构和词汇选择上，与之前的风格相比，还在信息传递的速度和准确性上有了显著提升。这种变革主要归因于《纽约时报》在1872年前后广泛采用的电报新闻体风格，这种文体近乎完美地体现了信息新闻的结构要求，遵循倒金字塔式的信息排列原则。

电报新闻体不仅促进了《纽约时报》等重要报刊在新闻叙述手法上的更新，也使得不同文化背景下的新闻叙事风格日渐汇聚。① 我国晚清时期的报纸如《申报》、《字林沪报》和《新闻报》，起初仍沿用着传统的文风（《春秋》体裁），从1870年到1890年期间，它们开始广泛借鉴和吸收西方报纸的报道风格，从而具备了现代日报的典型特征。这些报纸大力改变自身内容和形态，以积极融入现代新闻的变迁。

19世纪末，一个显著的现象是不同文化背景中的新闻叙事模式开始显著趋同，这一趋势象征着新闻报道方式在文体上的一次关键性转折，也标志着现代新闻报道风格的逐步形成。在这个过程中，电报新闻体的崛起和扩散，对新闻理念和表达方式的现代化转型起到重要推动作用。而这种转型主要体现在以下方面：新闻报道更加注重语言的精炼；逐渐普及的倒金字塔结构成为报道的主流模式；② 同时，对于提升报道的效率也给予了前所未有的重视。

但我们需要明确，电报新闻体并非仅仅是一种简单的文风，而是电报编码在新闻与信息传播界引入的一种独特且明确的传达形式。这种特殊的

---

① 陈昌凤．电传新闻对中美新闻叙事结构的影响——1870—1920年代《申报》与《纽约时报》的叙事结构比较[J]．国际新闻界，2009(1)：99–103．

② 陈昌凤．论电报系统的运用对中国式新闻叙事与新闻专业化的影响[A]．黄瑚．新闻春秋第九辑——第三次地方新闻史志研究讨会论文集[M]．上海：复旦大学出版社，2009：325–326．

传达形式，实际上是电报编码对新闻内容和结构进行了深刻的塑造和应用的结果。电报本身是由众多不同元素构成的复杂技术系统。尽管普遍观点认为电报技术对新闻传播产生了重大影响，但进一步分析会发现，技术中和制造业相关的组成部分与电报新闻体的实际关联并不紧密。相反，电报编码的功能才是至关重要且直接的。这凸显了编码传输对于新闻和信息传播——这些通常被视为文化组成部分——重要且不可替代的作用。

第二节　新闻形态的变化

与19世纪早期的新闻相比，19世纪末新闻的区别之一，在于报纸或其他传统媒体不仅提供基础商业信息（如价格、股票等），亦承担为读者提供社会、政治、经济事件详尽报道的知识性传播责任，以提升其吸引力和社会价值。这对事件的编码和描述方式提出了更为复杂的要求。

词汇和句子都是思考和交流的重要工具。这些语言元素构建了便于沟通的平台，让人们能高效储存、传递和分享思考与见解。它们的独特传递功能体现在对事物的细致描述和对特定含义的精确传达。当这些词汇和句子通过不同的传播渠道时，核心意义保持稳定，但表达形式可能根据渠道特性进行调整或改变。对于相同信息，口头和书面表达方式通常存在显著差异，这主要是因为不同传播媒介的固有特性对内容的约束。在受到技术推动的传播环境中，这种表达上的差异变得更为突出。由编码传播而造成词汇、语句和内容在传播中满足某种特定目的或要求，从而在表现出相应改变，称为限定性传播。在编码传播和新闻缩略语普遍使用的背景下，限定性传播塑造了新闻报道的内容和形式，新闻信息的组织和展现方式也进一步被改变，这些改变共同影响了传播的格局和发展趋势。

一、表达的结构化

19世纪30年代以前，报纸还未与电报大规模结缘，作为承载阅读功能的主要媒介——书籍，汇集着社会主要阅读行为，从事新闻和信息采集的工作者的文字编撰训练也主要来源于文学叙事，因此当时报刊文章中文学式的修辞手法随处可见。① 同时信息传递需要较长时间，信息采集者有充足时间仔细琢磨文字语句如何更适宜地表达所面临的事件，报纸的多样

---

① ［美］詹姆斯·卡伦. 媒体与权力[M]. 史安斌，董关鹏译. 北京：清华大学出版社，2006. 45.

化风格和思想特征明显。

19世纪中期以后，电报按字计费以及每次传输容量的限制，促使记者和编辑必须选择性地确定要使用的信息。这要求新闻报道在撰写时剔除多余的修辞和个人观点，同时要投入大量精力，仔细挑选最重要、最具新闻价值的信息进行呈现。这种追求清晰明了的事实和简洁报道的做法，虽然提高了信息的传播效率，但也牺牲了语义的丰富性，削弱了信息的语境深度。在美国南北战争（1861—1865）期间，电报在新闻传播中前所未有地广泛应用，其局限性也开始显著暴露。

发生于1862年9月17日的安提塔姆战役，是美国内战中单日死伤人数最多最为惨烈的一场战斗。准确的历史背景是理解这场战役及其重要性的关键。不仅是交战双方的死伤统计，还包括联邦军队在安提塔姆河附近的战术部署，以及罗伯特·E.李将军意图将战火带入联邦领土的战略计划，都是重要的语境要素。尽管《纽约先驱报》在战后的9月18日尽可能补充了战略布局、军事目标和战场地理等详情，但由于电报文字的限制，报道人员只能提供有限的基本事实，而无法展现更丰富的背景信息。同样，《纽约时报》1863年7月4日对葛底斯堡战役的报道强调了其在整个战争中的转折点意义，以及《华盛顿星报》1864年10月19日对塞德尔河战役一天内多次战线变动的报道，也都面临着相似的报道难题。电报的篇幅限制迫使新闻媒体必须选择性地报道事件，这增加了从多角度呈现事件的难度，新闻工作者不得不投入大量努力，从不同的电报报道中提取信息片段，以构筑一个全面且深入的战争报道画面。

面对新闻和信息传播中保持语境完整的迫切性，报社编辑和记者开创了一种策略，即在新闻开头用简短文字概括事件的核心内容。以1865年4月15日林肯遇刺事件的报道为例，《纽约先驱报》在其报道的开头写道：

今晚大约9点半，在福特剧场，当总统和夫人、哈里斯夫人和罗斯本少校同在私人包厢中观看演出的时候，有个凶手突然闯进包厢，从背后接近总统，向他开了一枪。

通过这种方式，整篇报道的目的和重点清晰明了。所以，导语的形式成为美国南北战争期间新闻报道的一项重大发明。

导语的写作，作为新闻工作的一种探索性任务，开启了一个时代性的讨论，即新闻工作者如何在字数和语言限制、信息快速流转的双重压力下，恢复和保持语境的真实性，以确保读者能够准确理解新闻内容。在19世纪余下的时间里，这个目标成为记者和编辑的核心职责，促使他们在剔除个人偏见和减少不必要修辞的工作中，更加专注于丰富语境细节的呈现。这种努力强化了追求电报新闻真实性的目标，推动新闻报道向更注重事实基础的方向发展。这导致了报纸中的"浪漫报道"（Romantic reporting）在内战报道期间达到顶峰，随后逐渐走向衰退，取而代之的是"理性报道"（Rational reporting）风格的逐步普及。①

"理性报道"强调的是客观属性的明确展现，其核心在于摒除主观情感，保持客观中立。追求对现实世界客观记录的做法，导致新闻的语言风格发生相应的变化。曾经受文学影响而形成多样化个性化的语言风格受到限制，语句上的音韵讲究、文章上的个人风格展现被消解，擅长以长篇文章、复杂语法和长句来表达深刻内涵的长篇评论日益减少，取而代之的是采用编码传输的电报语言：句子被缩短，句式更加整齐，新闻语言在语调和形态上表现为具有一致特点的线性结构，整个版面呈现的是多篇以突出信息传递为目的、经过精心组织和排列的要素式文章。

为了提高新闻内容对读者的可读性，报纸不断地将挑选出的新闻事件分拆成关键要素，并将其整理成一系列信息点，从而构建出概述事件各个层面的引言和段落。以上文的林肯遇刺报道为例，其首段展示的信息既清晰又具有明确的意图，使读者能够毫不费力地理解事件的意义和报道的目的：

今晚大约9点半（①时间），在福特剧场（②地点），当总统同林肯夫人、哈里斯夫人和罗斯本少校（③人物）同在私人包厢中观看演出的时候（④原因），有个凶手突然闯进包厢，从背后接近总统，向他开了一枪（⑤事件）。

显而易见，对于这个标准化的导语，其写作方式就是将发生的事件分解为5个方面，每个方面以要素呈现来完成直接的叙事表达。② 这种导语的内容展示方式，其信息覆盖范围之广，甚至超越了许多专业课程的讲授。其描述语言深入浅出，让大众都能理解；场景描绘细致入微，令人们仿佛身临其境；描述的对象具体详尽，给人留下深刻印象。这样，它在信息传播时实现了"信息内涵自明"的效果。这种报道风格在《纽约先驱报》这类硬新闻路线的报纸中得到热烈推崇。该报新闻每个句子都需遵循导语的"要素式"结构进行编排，而导语后的正文部分，实际上就是一个被放大

---

① Webb J. M. Historical perspective on the new journalism[J]. *Journalism History*, 1974, 1(2): 38.
② 新闻导语的要素式表达发展至20世纪，更加追求精简。同样是总统遇刺身亡，1963年11月22日《纽约时报》的导语只剩下一句："肯尼迪总统今天遇刺身亡。"全格式表达发展为部分格式表达。

的"导语",它同样充满了各种"要素"。

巴兹尔·伯恩斯坦(Basil Bernstein,1924—2000)将这种写作方式称为"精密语码",它能清晰地呈现所有细节,力求含义不模棱两可。① 通过精确的语言编排,语言所传达的信息得以加强其"客观且自明"的特性。② 受众因此认为这样的新闻报道是真实而有价值的,并对通过电报传递的内容形成了一种"可信赖"的总体印象。电报传来的信息,无论是解开迷惑还是验证已有的看法,似乎都能提供极为客观的答案。

在资本主义新闻产业成熟的时代背景下,"信息"成为一个时代的新产品。"要素式表达"之所以流行,是因为信息被视为"自明"的,无须"证实",也无须记者将个人观点植入事实叙述中以辅助解读。新闻报道的价值在于其能够提供这样"自明"的"信息"。如果报道未能传达这种信息,新闻的传播效果可能会受到影响。

因此,无论是电报迅速传达的最新紧急事件,还是那些被频繁复制传播的异地市场商业数据,报纸描述的准确性超越了以往,刊登的电报信息旨在揭示隐藏在表面下的某种真相。这种"自明"的信息,通过要素式的排列展示,呈现出其真实性。信息丰富的读者可以依靠自己的理性判断,无须借助评论式的语境来辅助理解。商业报纸因此引入了一种变革,新闻不再是过去报纸"说出"了什么,而是转变为现在读者"知晓"了什么。

电报新闻通常将信息置于事件所处的复杂环境之外,将事件的横向和纵向复杂影响因素置于次要位置,以信息"自明和直显"的形式取而代之。"自明和直显"所产生的影响之一是逐步消解普通公众对复杂陈述的需要。于是,在描述事件和意义表达上,使用精密编码语言(电报缩略语)的短段落成为常规做法。这种变化反映了以电报新闻为主导的新闻在语言风格上的演变。

到19世纪70年代,报纸语言的变化已成为一个显著的流行现象,这吸引了其他传统高频纸质媒体——杂志的关注。在1873年,《哈珀》杂志刊登了一篇详尽探讨电报系统发展的万字长文。该文回顾了电报技术的演进历程,并在结尾部分专门用一大段文字着重强调,尽管技术改变了信息传播的方式,它对语言本身的影响才是最为显著和根本的:

也许,电报注定要对人类的思想施加的最广泛和最重要的影响,就是它最终将通过对语言的影响而产生的影响……依据达尔文的自然选择

---

① 汤斌. 知识结构与名词化的关系 [J]. 外国语文, 2013(04):86–90.
② 赵杰,刘永兵. 语言·话语·社会——论伯恩斯坦的社会文化语言观 [J]. 东北师大学报(哲学社会科学版), 2011(4):149–152.

原则，短词胜于长词，直接表达优于间接表达，含义明确的词语胜过含义模糊的，而方言俗语则普遍处于劣势。①

《哈珀》杂志的评价显示了报纸语言的发展趋势，即电报语体日益固化的表达规范对其产生了持续和深入的影响。信息内容必须按照既定的格式要求撰写，这种规范让常规新闻写作不必寻找启承转合的契机和遵循时间顺序的古老传统，每一句话都需具备明确的信息含义并放入其适当的语境中，通篇只需集中那些最有新闻价值的信息并表达出来，将新闻故事展示给普通社会大众即可。

这种被称作电报体的写作风格，在新闻业中得到了广泛运用，尤其是在那些以搜集新闻为主要工作的记者中。随着商业报纸的普及和影响力的增长，这种风格逐渐成为一种行业趋势。记者们成功地克服了非专业信息员在新闻采集和撰写方面常常面临的困难，并通过专业培训，熟练地掌握了业内的电报缩写语言。

经过电报编码整形而输出的新闻语句，在外形上追求"既短又整齐"，意义表达上则趋向简明。然而，若我们重新审视语言意义的表达，就新闻阅读的需求来看，是否有确凿的证据表明"精密编码语言"比"复杂修辞语言"更加符合阅读的需要？对这一问题的任何确定性回答都需要进一步探究其理由的客观性。与其说是"精密编码的语言"更贴合阅读需求，不如说是电报式的新闻报道更贴近人们的阅读偏好。

即使语码编织再精密，这种要素式的排列表达方式，也会致使新闻中的自然语言在外形上曾经具有的丰富可塑性（描述事件场景所用的多样性修饰辞藻和语句），在表述中被选择性地剔除，从而实现传达更多知晓性阅读价值的目的。对这种"理性式"表达"事实"的手法持批判态度，怀特洛·里德（Whitelaw Reid, 1879）曾批评道，这种所谓的"事实"其实"没有价值，没有形态，没有色彩"。②

但这已经成为不可忽视的趋势：在美国南北战争期间，战场上铺设的电报线超过了 24 000 千米，发送了超过 6 000 000 份电报。③ 如此庞大的通信体量，足以让以"精密语码"编写的新闻观念形式对社会产生广泛影

---

① Making of America Project. Harper's Magazine, Vol.47[M]. New York: Harper & Brothers, 1873.359.

② Reid W. Some Newspaper Tendencies: An Address Delivered Before the Editorial Associations of New York and Ohio[M]. New York: H. Holt, 1879.39.

③ Goldin H. H. Governmental Policy and the Domestic Telegraph Industry[J]. *Journal of Economic History*, 1947, 7(1): 53–68.

响。这就不难理解整个19世纪后半叶，多数新闻稿件的常规表现手段为什么如此一致。因为，尽管传播技术的进步使得受众群体得以大幅扩展，但新闻的内容来源及形式却呈现出一种趋于收缩的态势。

随着要素式表达的信息自明性成为常态，新闻写作逐渐摒弃了复杂长句的构造。由此，依据这些结构特征和语言特征产生的阅读和群体认知也就展现出一定的相似性：人们认为电报"只传递客观事实"。虽然这是自发产生的，并没有文本上的明确约定，但在19世纪60年代后期逐渐渗入各地报纸编辑和读者的意识中，并成为一种习惯。人们在进行新闻消费时，即使是擅长深度阅读和思考的高级知识分子阶层，在新闻的选择上也会更倾向简洁的要素式表达，更倾向于信息自明的报道。这导致表达某种倾向性态度的见解或评论文章固守局部领域，成为少数专门撰稿人员的任务，提供问题研讨或闲谈话题的报纸则处于发行量劣势的状态。

凭借美国南北战争期间大量战争报道对新闻形态的重新塑造，19世纪60年代中期以后，不同行业的各类新闻之间在结构上出现明显的相同之处：在通篇的呈现上，条语式信息按照所含要素的轻重程度不同而进行结构式排列，形成了基于能够表述事件和描绘结构的简洁"要素式表达"方式。在这种表达模式下，整篇新闻稿件"先写什么""后写什么"都被提前预置。①

新兴商业报纸的崛起表明，只要精准把握各个社会阶层的阅读喜好，并以清晰、明了、无歧义的方式准确反映事件，让读者能够立即识别出阅读的价值，这样的报纸就能够在市场竞争的环境中处于生态优势，继而可以利用这种优势来增加发行量，并因此开辟更宽广的成长空间。到19世纪70年代中期，这种精炼的表达已在新闻界占据主导位置，而公众也越来越多地依靠阅读这类有组织的信息来形成对社会事件的看法。进入19世纪90年代，新闻报道以一段约百字的信息密集介绍开篇，然后按照固定的倒金字塔结构展开，逐层详细叙述故事或事件的各个方面。这种写作风格已被包括《纽约先驱报》和《纽约时报》在内的众多报纸采用为标准。②这些报道方式被广泛应用于所有社会重大事件的报道中，读者不是把其当作闲暇娱乐，而是视为对自己知识的有益补充。报纸的订户涵盖了各种收入水平的人群，从普通教师到高收入金融从业者都在其列。

---

① 陈昌凤. 电传新闻对中美新闻叙事结构的影响——1870～1920年代《申报》与《纽约时报》的叙事结构比较[J]. 国际新闻界，2009(1)：99-103.

② Ttker H. P. News and its communicative quality: the inverted pyramid—when and why did it appear?[J]. *Journalism Studies*, 2003, 4(4): 501-511.

这解释了为什么在 19 世纪中后期，以实时新闻报道为主的报纸（而非书籍）逐渐成为大众获取知识性信息的首选媒介。

二、数量竞逐：19世纪末的新闻生态

新闻的编码和传播机制也引导了新的发展趋势，即报纸和其他印刷媒介在建立其市场价值和影响力时，日益强调发行量这一指标。这个指标不单是衡量读者基数的尺度，还透露出媒体在市场上的份额以及对广告行业的吸引力。随着报业内部竞争的激化，发行量成为衡量一份报纸成败的核心指标之一。这种评价机制的广泛接受促进了报纸在内容生成和发行策略上的持续优化，目的是扩大发行量。发行量因此成为一个关键的数字，它不仅映射了报纸与读者之间的联系紧密程度，也直接反映了该报纸在传媒市场中的竞争地位。随着时间的流逝，这一指标在报纸行业的重要性逐渐增强，驱动报纸更准确地识别目标读者群，以及更有效地拓展市场。

到 19 世纪 50 年代末，电报新闻的快速发展促进了新的媒体生态系统的形成，经济型报纸如《纽约先驱报》开始崭露头角。这些报纸在篇章构建上采用了简化文本的方法（如图 4-8 与 4-9 的版面对比所示，其差异已由黑色边框突出显示）。这种简化减轻了读者解析文本的负担，更关键的是它能够在海量信息中迅速捕获读者的注意力。同时，为了提高信息的传播效率，这些报纸扩大了容量，[①] 其目的在于降低消费者获取新闻和其他相关信息的成本。因此，在不到半个世纪的时间里，这些报纸的页数从最初的几页增加到了十多页，甚至数十页。

对此，《纽约先驱报》等报纸采取了针对广泛社会大众的营销手段，比如，扩大街头销售点以吸引更多潜在的读者群。这种策略有效地推高了报纸的流通量，并为它们在传媒行业赢得了明显的竞争优势。到 1860 年，通过实施这一策略，《纽约先驱报》的日发行量激增至 60 000 份。[②] 这一数字在当时令人注目，不仅标志着它在新闻行业的独特影响力，也意味着它已经变成了一个重要的政治和金融信息传播渠道。

[①] 张静. 论传播技术的进步与报章文体的创变 [C]// 河北省社会科学界联合会. 河北省首届社会科学学术年会论文专辑. 石家庄：河北人民出版社，2007：234–235.

[②] Monmonier M. Maps with the News: The Development of American Journalistic Cartography[M]. Chicago: University of Chicago Press, 1989.32.

第四章　电报新闻：19世纪末的新趋势

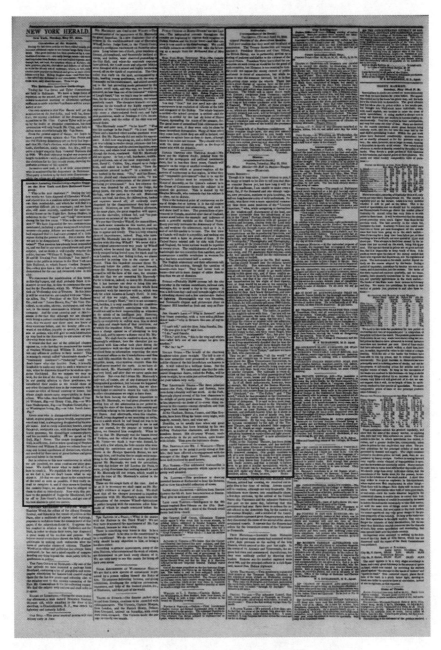

图 4-8　1844 年《纽约先驱报》以长篇文章为主的版面①

---

① 《纽约先驱报》1844 年 5 月 27 日二版版面 [EB/OL]. 华盛顿：美国国会图书馆，*New York herald*. [2017–11–10]. https://chroniclingamerica.loc.gov/lccn/sn83030313/1844–05–27/ed-1/seq-2/.

编码与传播

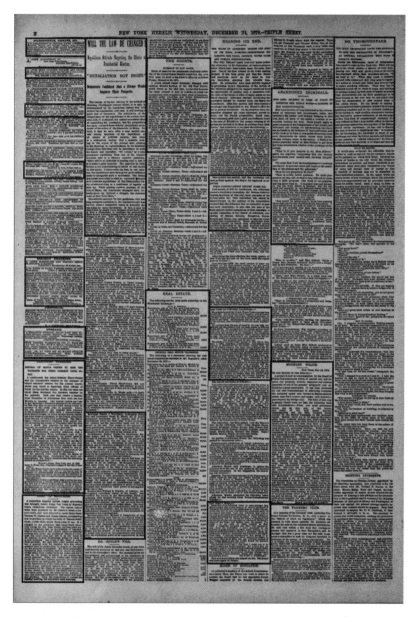

图4-9　1899年《纽约先驱报》以短篇消息为主的版面[①]

商业报纸的周末版的推出同样证明了"发行量至上"策略的有效性。这些周末版迎合了即时信息传递的需求，更重要的是，它们服务于特定的社会群体——周末有闲暇时间的城市职业人阶层。这种现象反映了社会经

[①] 《纽约先驱报》1879年12月24日二版版面 [EB/OL]. 华盛顿：美国国会图书馆，*New York herald*. [2017-11-10]. https://chroniclingamerica.loc.gov/lccn/sn83030313/1879-12-24/ed-1/seq-2/.

济结构与传媒发展之间的互动。周末版的成功,显然与它所满足的社会需求不谋而合。这些报纸专注于传递电报迅速传来的南北战争战场的新闻,主要面向的是那些只能在周末享有空闲时间的城市知识分子和蓝领工人。① 这一创新举措显然获得了市场的热烈响应:如果平日版的报纸以 2 到 3 美分的价格就能卖出 50 000 份,那么它的周末版即使定价更高,也可能实现 2 到 3 倍的流通量。②

流通量的增长并不仅仅是数字上的扩张,它实际上代表了对报纸行业生态结构的重塑。那些拥有巨大流通量的报纸能够吸引更多的广告商,因此获得更多的广告收入,这将进一步加强它们在行业中的地位。例如,《每日电讯报》1855 年在伦敦创刊,其清晰的目标是提供新颖的新闻内容,迅速增加流通量。由此成功打破了《泰晤士报》主导的传统新闻市场,这便是明显例证。可以说流通量的增加实际上正在改变行业的生态结构,进而影响整个行业的发展趋势。

周末版报纸的兴起和市场认可度的提升,挑战了那些传统的、周期较长、页数众多的周刊在市场上的地位,导致它们的市场份额迅速缩小。

毫无疑问,发行量的竞争使其成为出版行业追求的重要目标。高发行量的报纸在市场上拥有显著的影响力。英国地方城市报纸在发行量上不占优势,1854 年它们选择转载《泰晤士报》关于克里米亚战争的报道。1800 年,新建的华盛顿特区取代了纽约,成为美国首都。纽约,作为当时的商业与文化中心,曾是政治活动和资源的汇聚地,首都的搬迁意味着这些资源的转移。随着政府机构和行政中心的迁出,纽约的部分商业报纸失去了主要的新闻和资金来源,有些甚至逐步陷入困境。到 19 世纪 40 年代,曾依赖政治报道的纽约商业报纸的发行量显著下降。因此,1846 年,美国东部大报转载《巴尔的摩太阳报》的美墨战争报道,成为新兴报纸通过增加发行量的策略,成功吸引大型报纸注意的经典案例。因为形势所迫,这些东部大报不得不重新评估它们的战略,并主动寻求合作。

这些迅速崛起的报纸的共同特点是,它们报道了许多不同地点但日期相同的简短消息。随意观察一份 19 世纪 60 年代的报纸,无论是纽约还是伦敦出版的,都能发现国际新闻报道数量稳定增长,体现了新闻界的快速扩张。到 1861 年,大多数欧洲报纸在报道美国南北战争时,依赖于美国商业报纸沿着华盛顿至里士满的电报线路传来的消息。主流媒体如《泰晤

---

① 1842 年时,纽约每 26 人中约 1 人购买周日版;1850 年,纽约每 9 人中有 1 人购买周日报;1889 年,周日版在纽约的阅读率约为 50%。

② 《太阳报》的总编辑查尔斯·达纳(Charles Dana)在 1894 年做的估算。

士报》在报道南北战争时，就采用了《纽约先驱报》等的信息。在报道普法战争（1870—1871）时，《泰晤士报》也与《巴黎世界报》和《纽约先驱报》共享电报新闻。到1882年，美联社的国外新闻报道中，多数电报内容与路透社、沃尔夫社和哈瓦斯社的报道相似，目的是为了确保信息的一致性和避免争议。因此，发行量较大的报纸中，相似措辞和字数的报道所占比例更高。这些通过精心编辑的消息通常会被置于显眼位置，读者往往首先看到的是"电报新闻"这个标签。这一现象展示了日益增加的电报新闻和信息的效力。

电报技术的普及和应用早在19世纪60年代之前就已经形成了新闻报道的主要领域，公众可以经常接触到涉及犯罪、事故、紧急情况和政府失职等多个方面的新闻。但在60年代之后，新闻内容开始发生变化，体育和娱乐新闻的比例显著增长。拳击、棒球、帆船比赛和赛马等体育活动成为新闻机构和报纸偏爱的报道对象，报纸对此类报道的需求不断上升，尤其在世纪末时期更为显著。19世纪90年代早期，大型体育赛事的报道在美联社的电报线路上变得更加频繁和详尽，一场比赛的完整报道往往需要至少两个小时的传输时间，而报道的内容可包含5 000至6 000个单词。[1]1891年，时任总经理史密斯在总结本社新闻事业蒸蒸日上的原因时指出，利用电报媒介获取大量体育新闻是维护市场地位的主要策略。[2] 娱乐报道既能获得发行量又不会得罪任何强大势力，何乐而不为？

商业报纸的崛起和市场竞争力的提升，逐渐削弱了党派报纸的主导地位。这不仅是新闻业格局的改变，也是社会认知和理解方式的转变。喜欢使用电报信息、发行量庞大并以日为发布周期的报纸，这些报纸的出现导致社会日常事件在新闻和信息流中占据了压倒性比例。由于平凡和琐事的不断涌现，人们往往会忽视那些需要时间沉淀与深度思考才能领悟的文化精髓和思想深度，甚至可能将其遗忘。

自19世纪60年代以来，学者们开始指出，电报技术是推动新闻普适化的关键因素。这与早期对电报一味赞美的观点形成了鲜明对比。这些反思和批评认为，电报新闻导致的条块式版面布局缺乏一种统一和内在逻辑的组织，这在应对社会文化和思想的多样性与深刻性时显得力不从心。以评论著称的伦敦《观察家》（*The Spectator*）杂志，在1889年11月的一篇

---

[1] Betts J. R. The technological revolution and the rise of sport, 1850–1900[J]. *The Mississippi Valley Historical Review*, 1953, 40(2): 231–256.

[2] Brooker Gross S. R. News wire services in the nineteenth-century United States[J]. *Journal of Historical Geography*, 1981, 7(2): 167–179.

第四章 电报新闻：19世纪末的新趋势

尖锐文章中批评了世纪末泛滥的电报式文章风格：

> 与此同时，所有人都不得不在处理各种事务时依赖于不完美的信息，但思考的时间却很少……人们可能会认为，不断传播的片段式声明，不断激发的不实感情，以及不断形成的草率或错误的观点，最终必然会降低那些被电报吸引的人的智力……①

《观察家》的批评文章本身所表现出的激烈性，反映了当时电报导致的新闻风格已成为报纸赖以生存的流行元素。

新闻传播历史的演变过程中，电报的编码传递与新闻报道所追求的客观性理念之间，逐渐构建了一种紧密的内在联系。一方面，在早期的新闻实践中，客观性并未成为核心的价值观或系统化的原则，而多是个别作者的个性化风格选择。但随着新闻生产技术、组织机制和社会反响之间互动日趋频繁，电报新闻凭借其信息的准确性和理解的一致性，在新闻的采集、传递和呈现每个环节中，都坚持追求语境的真实性。由此，电报新闻赢得了公众广泛的认可和信任。

另一方面，报纸为了持续吸引公众的关注，利用电报作为科学技术在社会应用中的初现和时尚效应，频繁发布各类重大事件的最新动态。这些消息内容翔实、具体，并且源源不断地呈现在读者面前。尽管有时公众还未来得及核实这些电报新闻的真实性，接踵而至的新消息已经把他们的注意力吸引了过去。无论是体育赛事、灾情报告、政府危机、军事外交动态，还是犯罪事件，都被精心挑选并通过电报编码传递出去。这些新闻报道以及相关的解读与分析性文章每天在报纸上占据显著位置，成为公众广泛关注的对象。

在这种被动式的共同阅读基础上，电报新闻与更广阔的社会空间交织在一起，形成了一种独特的客观性。这种客观性在经过筛选的新闻和信息中得以体现，它通过共同的阅读体验融入其中。为公众提供集体讨论公共事件的机会，使他们在与城市及社会文化变迁互动和联系的过程中，展现出一种公正无偏的风貌。与此同时，那些篇幅较长的评论性文章和深度观察逐渐失去了吸引力，公众更倾向于依赖电报新闻来获得即时的信息和新闻。到19世纪90年代，电报新闻所具有的这种象征已经深入人心，成为主流的社会认知方式。在这一转变过程中，新闻报道的理念也发生了显著变化。"客观性"已不再是可选择的写作风格，而是转变为新闻编辑和报

---

① 作者不详. The Intellectual Effects of Electricity [J]. *The Spectator*, 1889, Vol.63(9 November 1889): 631–632.

道工作中必须严格遵守的职业原则和规范。①

然而,这种信息过载的环境也引发了一些问题。人们常误认为通过简短的电报新闻就能深入了解社会现实,然而实际上,他们只是接触到了事件的局部或表层。这种浅尝辄止的阅读方式不可避免地导致了理解的偏差和偏见。因此,在以编码传递信息为核心的技术体系中,公众所认为的客观现实,实际上是由电报编码传递的新闻内容所建构。电报编码传递的新闻和信息,对公众的认知进行了"信息建构主义"式的观念塑造。这种建构不仅影响了个体和群体对现实的解读方式,还进一步塑造了他们对文化、社会和政治变迁的整体认知框架。因此,在这种环境下,"客观"的认知标准变得相对和动态,不再是固定不变的,而是随着特定新闻和信息的编码与传播而不断被重新定义和展现。②

---

① Stensaas H. S. Development of the objectivity ethic in U.S. daily newspapers[J]. *Journal of Mass Media Ethics*, 1986, 2(1): 50–60.

② 郑忠明,江作苏. 作为知识的新闻:知识特性和建构空间——重思新闻业的边界问题 [J]. 国际新闻界,2016,38(04):142–156.

后　记

在未被预料的历史情境中，电报编码传递与新闻传播结合了，这个结合不仅催生了19世纪公共传播的新篇章，还点燃了公众对于积极参与特定事件或话题讨论的热忱。在这一进程中，社会所面临的挑战不仅限于挖掘和创造信息的能力，还在于如何有效地将信息逐句传递。能否发现一种方法，确保信息能够被清晰地反复叙述，以便更有效率地传播，成为科技人员和新闻工作者共同的目标。为了达到这个目标，电报新闻采用了一种结构化的表达方式，它适合于重复性的叙述，从而使得事件的背景得以精确复现。尽管这种叙述方式在展示功能上无法与现代二进制语言在图像、声音等多维度的表现力相媲美，但它与书面文字减少口语传播造成的信息损耗相类似，统一而精确的语言编码显著降低了文字传播过程中的理解差异。

通过电报新闻构建的语境不仅承载了信息的传递，还塑造了社会观念的更新和统一。随着信息流的不断演进，媒介所表达的观点与社会观念逐渐融合，共同推动了群体性意见——即舆论的形成。舆论的形成不仅是社会性认知过程的体现，也是个体认知的扩展。在这个过程中，个体不仅要了解自己的看法，还要洞察他人的观点。这种动力鼓励人们通过接收新信息来形成易于交流、讨论乃至达成共识的观点。

这种现象与现代社会信息传播的特点有着密切的联系，即技术媒介与新闻内容的结合，在塑造和强化公众态度的连续性中发挥着不可替代的作用。从这个角度来讲，19世纪的电报时代与当今的信息时代之间存在着明显的相似性。这种相似性预示了现代媒介环境下，信息技术对公共意识形态的影响将远不止现在呈现出的样子。

本书灵感源于对当前社会趋势的溯源思考。这个过程的开始首先需要对19世纪电报技术的发展历史以及与新闻传播的关系进行细致梳理。在整理历史文献、新闻资料和现代学者的分析时，逐渐将焦点集中在如何通过电报新闻解释公共传播和社会观念的塑造上，这个过程花费了较长时间。

19世纪电报技术对新闻和信息传播方式产生的影响带有革命性，这一点毋庸置疑。但在探讨电报时代的社会背景，分析电报技术与新闻传播如何在新的信息传播模式下形成合力时发现，这个时期的新闻传播不单是速度和数量的变化，于是编码发挥的作用成为本书研究的重点。

在撰写过程中，跨学科研究带来了明显的挑战，这不仅要求理解通信技术的发展轨迹，还需要深入研究技术史、社会变迁理论以及新闻传播学等领域。这种多角度的分析使得整个研究工作既错综复杂又充满挑战，尽管如此，还是带来了巨大的满足感。尽管电报技术并非起源于中国，且当时的新闻变革与中国的情况相去甚远，幸运的是，所搜集到的资料足以支撑关键论点的论证。不过资料的稀缺性确实限制了本书的篇幅，不能不说是个遗憾。

这本著作的撰写不仅是对历史的回顾，也是对现代社会信息传播特点的反思。通过本书的阐述，希望能够为理解现代媒介环境下公共意识形态的形成提供历史视角和理论支持。

本书的完成，首先要感谢清华大学新闻与传播学院李彬教授，他不仅对相关内容提出了宝贵意见和指导，还亲自为本书拟定了主书名"编码与传播"；清华大学出版社王如月及其他老师为本书付梓，百忙之中不辞辛苦，甚至牺牲休息时间，在此致以诚挚谢意！

本书参考引用了相关国内外学者的研究成果，在此一并致谢！

新媒体环境下跨文化适应性的传播学研究

◎ 孙庚 著

清华大学出版社
http://www.tup.com.cn

北京交通大学出版社
http://www.bjtup.com.cn